욕망하는 기획자와 보이지 않는 고릴라

일러두기

외래어 표기의 경우 국립국어원의 외래어 표기법을 원칙으로 삼았으나 관용적으로
쓰이는 일부 표현은 관례를 따랐습니다.

이규철 지음

욕망하는 기획자와 보이지 않는 고릴라

소비자의 심리를 설계하는
어느 전략가의 인사이트 노트

그래도봄

추천의 글

최인아
최인아책방 대표, 제일기획 전 부사장, 《내가 가진 것을 세상이 원하게 하라》 저자

저자 이규철은 광고 회사에서 일하는 기획자다. 그의 주된 일은 '생각하기'다. 생각하는 힘으로 기업이나 공동체가 마주한 문제에 해법을 제시한다. 그 생각 중심에는 심리학과 경제학의 개념들이 탄탄하게 포진해 있다. 그가 말하는 아이디어란 단지 기발하고 독특한 발상이 아니다. 어떤 기획이, 커뮤니케이션이 멋지게 통할 수 있었는지 심리학과 경제학의 언어로 설명하고 납득시킨다. 알면 통제력이 생기기 마련이다. 이 책을 읽고 나면 어떤 아이디어가 왜 통하는지, 그 이유를 알게 된다. 그러면 한 번의 성공에 그치지 않고, 다음에도 또 성공할 수 있는 확률이 높아질 것이다. 이 책이 지닌 강력한 미덕이다. 매력은 또 있다. 그는 글을 참 잘 쓰는 기획자다. 명료하면서 간결한 문장, 읽다 보면 설득이 되는 문장, 건조하지 않으면서 유쾌한 문장. 추천사를 쓰려고 읽기 시작했는데 재밌어서 내처 읽었다. 광고 회사나 마케팅 업계에 종사하는 분들, 정해진 길에서 벗어나 새로운 가능성을 찾고자 하는 분들에게 이 책을 기꺼이 추천한다. 이 안에서 귀한 인사이트를 만나게 될 것이다. 미디어 환경은 엄청나게 달라졌지만 '생각'을 재료로 일하는 광고 회사 사람들의 능력은 여전히 유효하다는 사실을 이 책을 읽으며 새삼 확인한다.

편성준
MBC애드컴, TBWA코리아 전 카피라이터, 《읽는 기쁨》 저자

작가가 되기 전 광고 회사에서 카피라이터로 일하며 배운 게 하나 있다. 일 잘하는 사람은 숨 쉬듯 주변에서 통찰과 아이디어를 찾아낸다는 것이다. 그런 사람들은 뉴스나 예술은 물론 심리학이나 경제학까지 다 아이디어 창고로 쓴다. 이규철의 《욕망하는 기획자와 보이지 않는 고릴라》를 읽으며 다시 한번 일 잘하는 사람의 일상을 이해하게 되었다. TV로 '유퀴즈'를 보면서도 좋은 질문의 중요성을 생각하고, 심리학책을 뒤적이며 질투나 실패조차 발견의 기회가 될 수 있음을 깨닫는다. 책 제목에 들어 있는 '보이지 않는 고릴라' 역시 심리학 용어다. 생각해보면 아이디어는 어디에나 있지만 그걸 캐치해서 내 것으로 만드는 데는 남다른 성실성과 통찰이 필요하다. 이 책은 광고 회사에서 뼈가 굵은 작가가 딱딱한 심리학과 경제학을 잘근잘근 씹어 광고는 물론 실생활에도 적용할 수 있도록 소화해낸 메모장이자 일기장이다. 쉽게 말하면 파기만 하면 보물이 나오는 무른 땅이라는 뜻이다. 제일기획 AP가 아닌 신인 작가 이규철이 내 앞에 있다.

추천의 글

루나(홍인혜)
카피라이터, 만화가, 시인, 《고르고 고른 말》 저자

오랜 세월 직관만으로 일해왔다. 누군가 나의 카피나 내가 제시하는 콘셉트의 근거를 원하면 '그냥 촉이 와서', '이게 맞다는 느낌이 들어서' 정도로밖에 설명할 길이 없었다. 내 아이디어는 무근본의 벌판에 맨몸뚱이로 서 있는 것 같았고, 덕분에 주장하는 목소리엔 힘이 들어가지 않았다. 하지만 이 책을 통해 내 안에 어룽어룽 피상적으로 존재하던 직관, 촉, 느낌이 마침내 기댈 언덕을 찾았다. 산발적인 생각들의 가르마가 타지고 피상적인 발상들에 이름이 붙여졌다. 이 책에 수록된 44가지 글은 누구나 끄덕일 마음 작동 원리들이다. 언제나 백지 앞에서 이번엔 또 어떻게 생각의 물꼬를 여나 고뇌하던 나의 머릿속 도구함에 두고 수시로 꺼내 써먹을 멋진 '생각 툴'들이다.

책을 펴내며

이 책을 펼쳐주셔서 감사합니다. 어떤 글을 기대하며 펼쳤을지 궁금합니다. 이 책을 소개하기 위해 먼저 제가 하는 *AP*(*Account Planner*)라는 업에 대해 설명해야 할 듯합니다. 광고 대행사 중에서도 *AP* 조직이 있는 곳은 흔치 않기에 *AP*가 어떤 일을 하는지 모르는 분들도 계실 테니까요.

위키백과에서는 *AP*에 대해 '마케팅 커뮤니케이션을 시행하면서 소비자를 찾아내고 리서치(*Research*) 하는 전문가이며 소비자의 입장에서 브랜드 커뮤니케이션을 계획하고 소비자의 관점을 대표하는 사람이다'라고 정의하고 있습니다. 광고 대행사 포가티 클라인 먼로(*Fogarty Klein Monroe*)의 부사장 래리 *D*. 켈리(*Larry D. Kelley*)와 미국 텍사스공과대학교 광고학과 교수인 도널드 *W*. 유겐하이머(*Donald W. Jugenheimer*)가 쓴 《광고 어카운트 플래닝 실무 가이드(*Advertising Account Planning-A*

Practical Guide)》에서는 AP에 대해 이렇게 기술하고 있습니다. '어카운트 플래너는 광고 대행사에 움직이는 소비자의 마음에 대한 통찰력을 제공하는 중요한 역할을 한다. 즉, 소비자 정보를 인간화하는 작업을 하며 마케터들이 소비자의 감성적 욕구를 감지하도록 도와준다.' 대체로 AP란 '소비자 심리에 대한 깊은 통찰을 기반으로 마케팅 커뮤니케이션의 방향을 제시하는 사람' 정도로 요약할 수 있겠네요.

저는 AP를 '불붙이는 사람'이라고 규정하고 있습니다. 방화범을 말하려는 건 아니고요. TV 광고나 마케팅 활동처럼 실질적인 결과물을 만드는 광고주나 제작팀 등 협업 부서의 영감에 불을 붙이는 사람이라는 뜻입니다. '왜 이 전략 방향으로 마케팅 활동을 해야 하는지' 광고주를 논리적으로 설득하고, '이렇게 풀면 재미있을 것 같은데?' 하고 제작팀의 마음이 '동하게' 만들어 최종 결과물이 옳은 방향으로 나오도록 끌어내는 사람인 것이지요.

이런 설득 과정에서 유용하게 쓰이는 것이 바로 심리학, 경제학 이론입니다. 똑같은 소비자의 심리라도 구구절절 설명하기보다 심리학 이론을 통해 이야기하면 청자가 훨씬 쉽고 강렬하게 받아들이는 경우가 많습니다. 복잡 미묘한 소비자의 심리를 저명한 학자들이 흥미로운 이름으로 규정하고 명료하게 설명해주기 때문이지요. 그래서 저는 이런 설득의 자리에서 심리학, 경제학 이론을 적극적으로 활용합니다.

직업인으로서 심리학과 경제학의 쓸모를 요모조모 고민하다 보니 한 발짝 더 나아가 저의 일상이나 내면을 그와 같은 프레임으로 바라보는 지경에 이르렀습니다. 가령, 절망적 감정에 빠져 있다가도 '이렇게 계속 우울해하기만 할 수는 없어! 노세보 효과(약효에 대한 불신 또는 부작용에 대한 염려와 같은 부정적인 믿음 때문에 실제로 부정적인 결과가 나타나는 현상*)를 불러일으킬 뿐이야' 하며 스스로를 채찍질하기도 합니다. 누군가와의 대화 중 잘난 척하며 한마디 끼어들려고 하다가도 '너무 아는 척하지 말아야지. 더닝 크루거 효과(능력에 미달한 사람이 자신의 능력을 과대평가하고 스스로 지식이 많다고 판단하는 현상**)일 수도 있어' 하며 흥분을 잠재우기도 합니다. 때로는 아내와의 협상에서 심리학이나 경제학을 활용하기도 합니다. "크레스피 효과***라는 게 있어. 보상 강도가 점점 강해져야 일의 수행 능률이 계속해서 증가한다는 이론이야. 내가 집안일을 더 잘하려면 용돈이 올라야 한다는 것과 일맥상통하지!" 하는 식입니다. 물론 이런 협상 시도가 성공한 적은 없습니다만.

처음부터 의도한 것은 아니지만 심리학과 경제학은 AP로서의 저에게도, 일상인으로서의 저에게도 특별한 존재가 됐습니다. 세상 사람들과 저라는 인간을 더 잘 이해할 수 있게 해주었고, 직업인으로서 성장에 도움이 되기도 하며, 별것 없는 일상을 좀 더 특별한 시선으로 바라보게 만들어주었지요. 이 분야의 빼어난 전문가라고 할 수는 없으나 책을 쓰게 된 이유입니다. 《욕망하는 기획자와 보이지 않는 고릴라》는 심리학과 경제학에 대한 전문적인 해설서는 아닙니다. 하지만 일상이나 회사 생활 곳곳에서 설득이 필요한 순간에, 혹은 일견 이해되지 않는 누군가의 마음을 헤아려보는 순간에 이 책이 도움이 된다면 글을 쓴 이로서 더할 나위 없는 기쁨이겠습니다.

이 책은 총 4장으로 구성됐습니다. 1장은 일상 속 영감을 낚아채는 순간, 내면을 영감으로 채워가는 과정을 심리학과 경제학 이론을 소재로 풀어냈습니다. 일상에서 늘 아이디어의 단초를 포착하길 원하는 분들에게 도움이 되었으면 합니다. 2장은 조금 더 구체적인 설득의 순간들을 담았습니다. 광고 회사에서 일하면서 누군가를 설득해야 했던 순간, 마케팅 전략으로 세상에 좋은 영향을 미치기 위해 노력했던 순간들에 제가 느끼고 배웠던 것들을 기록했습니다. 3장은 브랜드 이야기입니다. 개인적으로 애정하는 브랜드들에 대한 이야기와 비하인드 스토리를 심리학과 경제학의 프레임으로 재구성해봤습니다. 익숙한 브랜드를 새로운 관점으로 바라보는 경험이 되길 바랍니다. 마지막으로 4장은 광고 회사 생활에 대한 이야기입니다. 회사 생활이야 큰 틀에서 보면 어느 분야든 비슷하겠지만 광고 회사라는 다소 괴괴한 생태계의 일원으로 살아가면서 인상 깊었던 순간들, 나름의 깨달음을 얻었던 순간들을 기록했습니다. 특히, 이제 막 광고 회사나 기획 및 마케팅 업계에서 일을 시작하는 분들에게 작은 도움이 됐으면 하는 마음입니다.

직업이 직업인지라 원고를 완성했다는 뿌듯함보다 '과연 소비자 반응이 어떨까?'라는 생각이 가장 먼저 듭니다. 다른 상품이었다면 응당 더 많은 세일즈가 일어나기만을 기대했을 텐데요. 이 책만큼은 누군가에게 좋은 시간을 선사했으면 좋겠다는 생각이 가장 먼저 드네요. 우연히 찾아간 작은 미술관에서 새로운 영감을 얻는 경험처럼 이 책을 읽는 동안 평화롭고 풍윤한 시간이 되길 바랍니다.

- • 두산백과 두피디아(www.doopedia.co.kr).
- •• 김상은, '[심리학 용어] 더닝 크루거 효과: 무식하면 용감하다?', 〈정신의학신문〉, 2020년 1월 22일.
- ••• 이동귀, 《너 이런 심리법칙 알아?》, 21세기북스, 2016.

차례

추천의 글 4   책을 펴내며 7

Chapter 1
일상에서 인사이트를 낚아채는 방법

영감의 바다를 헤엄치는 일
브루잉 효과
18

지극히 편향적인 안테나를 세우자
확증 편향
24

당신은 어떤 말을 경계하나요?
허위 합의 효과
30

가끔은 터널에서 벗어날 필요가 있다
터널 시야 현상
36

좋은 질문이 판도를 바꾼다
침묵의 나선 이론
43

S적으로 살아보기
칵테일파티 효과
50

실패작 파라다이스
스티그마 효과
55

'단단함'이라는 함정
아폴로 신드롬
61

나의 은밀한 여가 생활
인지적 구두쇠
67

비공인 타임머신
피터팬 증후군
72

헬스장 생태계의 법칙
호손 효과
78

Chapter 2
심리학과 경제학의 쓸모

레퍼런스의 쓸모
퍼스트 펭귄
86

기꺼이 행동하게 만드는 메시지
에펠탑 효과
92

'자기다움'을 찾아가는 일
샤워실의 바보
99

무턱대고 덮어두면 패가망신 못 면한다
스트라이샌드 효과
105

손실은 이익보다 또렷하다
손실 회피 편향
112

더하기보다 덜어내기
라쇼몬 효과
120

어림짐작은 좀 곤란합니다
휴리스틱
125

미완성된 이야기의 잔상
자이가르닉 효과
131

언젠가 우리는 비주류가 된다
포모 증후군
138

작고 사소한 것들로부터
핀볼 효과
144

세상을 바꾸는 끓는점
100번째 원숭이 현상
150

Chapter 3
성장하는 브랜드는 뭐가 다를까?

저항하는 인간과 오베이
칼리굴라 효과
158

올드한 브랜드가 흰곰을 물리치는 법
흰곰 효과
165

하얀 코끼리 돌려보내기
하얀 코끼리
172

소니의 발걸음으로부터 배운 것
피벗팅
179

시작하면 시작되는 것
작동 흥분 이론
187

올드 브랜드 찬가
언더독 효과
193

AI가 도달할 수 없는 인류의 무기
모라벡의 역설
200

아름다움은 어디에서 오는가
로젠탈 효과
206

닮고 싶은 브랜드
카멜레온 효과
213

엄마의 확고한 믹스 커피 취향
뮌하우젠 증후군
219

달콤한 콤플렉스 아이스크림
노세보 효과
226

Chapter 4
일의 기쁨과 슬픔 그리고 창조성

난 슬플 때 벽에 붙은 파리가 돼
벽에 붙은 파리 효과
234

아니면 말고!
요나 콤플렉스
240

회의실의 르네상스
메디치 효과
246

기억의 각색은 매년 반복된다
므두셀라 증후군
252

연두부 멘탈을 위한 피드백 설명서
역회 효과
258

고무수저 아빠
자기 불구화
265

욕망하는 신입 사원과 고릴라
보이지 않는 고릴라
271

질투는 나의 힘
붉은 여왕 가설
278

별일 없는 시기를 보내는 방법
골디락스
284

가만히 지켜보면 보이는 것
디드로 효과
291

더블 디데이를 체크해두자
고르디아스의 매듭
299

원문 출처 306

일상에서 인사이트를
낚아채는 방법

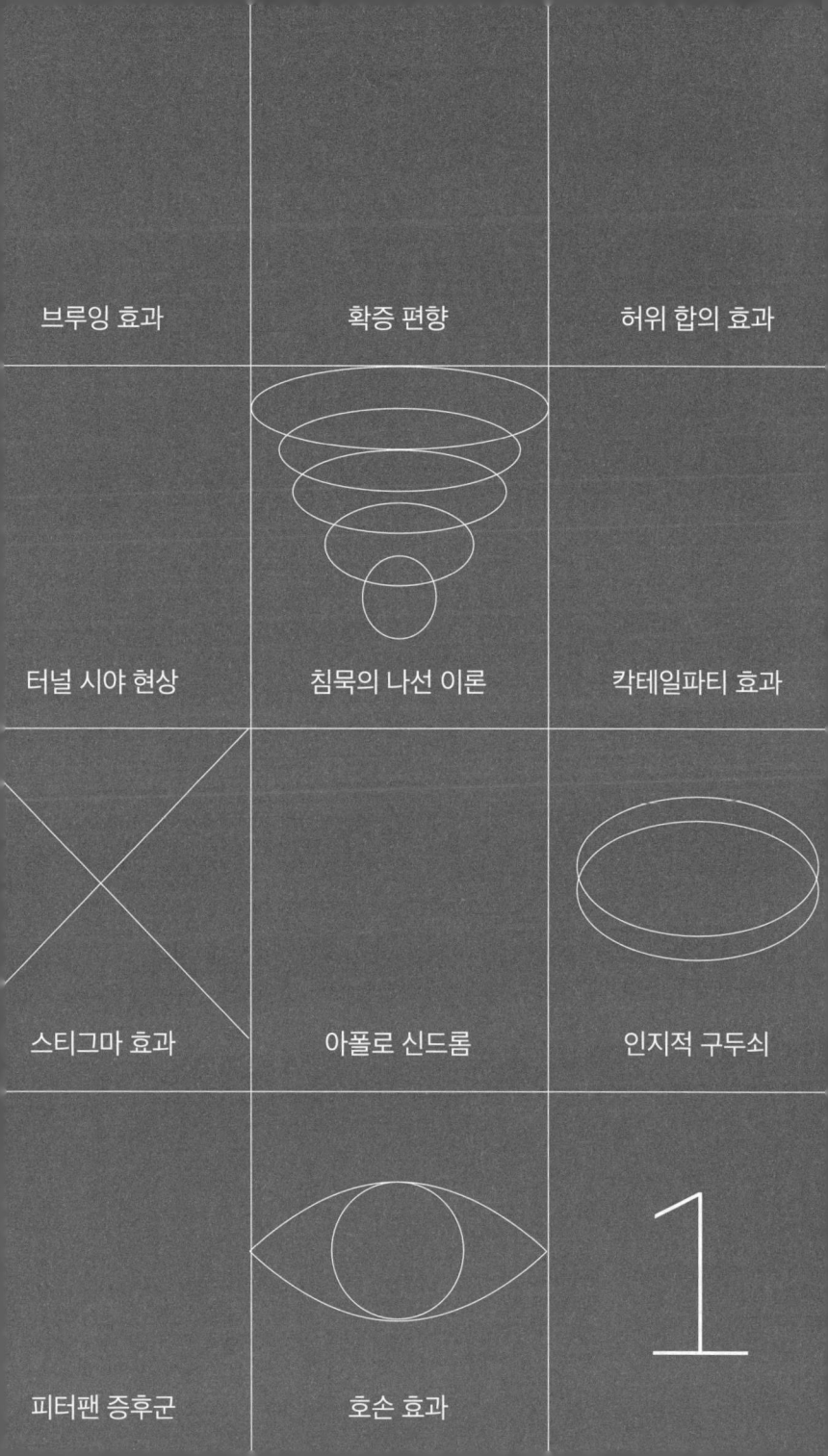

영감의 바다를
헤엄치는 일

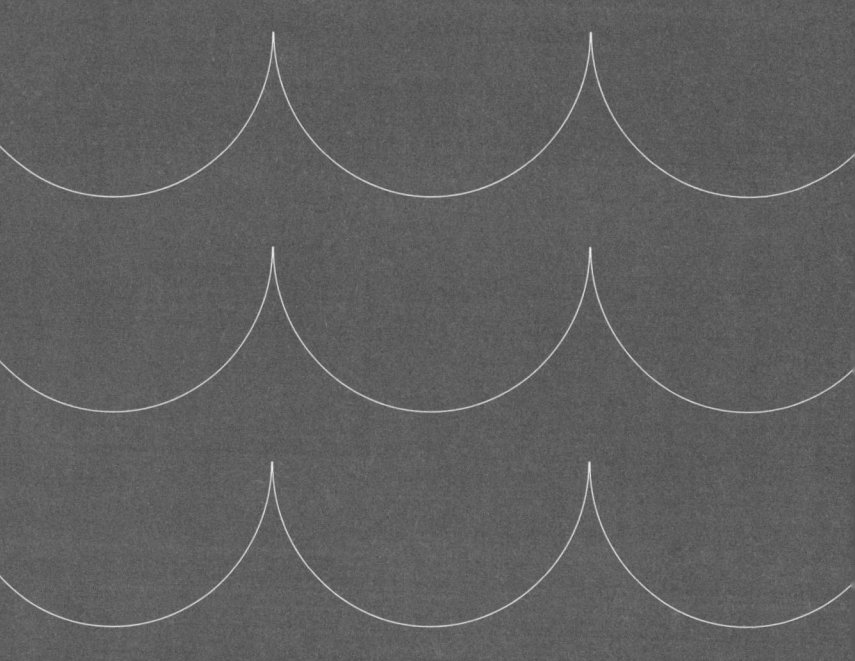

브루잉 효과

아이디어를 발견해내는 과정은 전복 채취 과정과 엇비슷하다. 어디까지나 개인적 감상이지만. 광고주로부터 과제에 대한 설명을 듣고, 관련된 자료를 공부하고, 조사를 하고, 분석을 마친 후 대략적인 방향을 정한다. 마치 물때를 정하고 적절한 채취 포인트를 잡는 과정과 비슷하다. 그러고 나선 정해진 방향을 부표 삼아 결정적 아이디어를 찾기 위해 깊고 깊은 망상의 바닷속으로 잠수한다. 이런 생각 저런 생각을 하며, 깜깜한 망상의 바닷속을 유영하다가 '어라! 저것인가?' 싶은 반짝반짝한 것이 보이면 낚아채 수면 위로 쏙 끄집어낸다. 만일 어딘가 미숙하거나 시들시들한 아이디어였다면 그대로 바다에 돌려보내고 다시 망상의 바다로 뛰어들어야 한다. 나름 싱싱하고 발전 가능성이 보이는 아이디어를 발견했다면 구체적인 문장과 비주얼로 손질해 손님상에 낸다. 아이디어가 싱싱할수록 별다른 양념 없이 올려도 제값을 받는다.

재미있는 점은 이렇게 싱싱한 아이디어를 발견해내는 결정적 순간을 본격적으로 아이디어를 내겠다고 작정하고 파고들 때는 마주하기 어렵다는 사실이다. 경험상 아이디어는 오히려 고민하는 주제와 전혀 상관없는 순간, 이를테면 샤워를 하거나 산책을 하거나 딴짓을 할 때 떠오를 확률이 더 높다. 의외의 순간에 빅 아이디어를 점지받으면 '조상님이 나를 가엾게 여겨 아이디어를 내려주신 건가?' 하는 상상을 하기도 하지만, 심리학에서 이런 현상을 '브루잉 효과(Brewing effect)'라 부른다. 빅 아이디어는 조상님의 측은지심과는 별 상관없는 것 같다.

브루잉 효과는 문제에 대한 고민을 내려놓으면 답이 보이는 현상*을 말한다. 해결하고자 하는 문제에 대해 적극적으로 고민할 때는 방법이 잘 떠오르지 않다가 잠시 고민을 멈추거나 다른 일을 할 때 결정적인 영감이 곧잘 떠오르곤 한다. 아르키메데스가 부력의 원리를 발견해낸 이야기, 일명 '유레카' 이야기는 브루잉 효과의 가장 널리 알려진 사례다. 아르키메데스는 순금 왕관의 진위 여부를 밝혀내라는 왕의 과제를 좀처럼 해결하지 못하고 있다가 휴식차 욕조에 몸을 담갔을 때 넘치는 물을 보고 '유레카!' 하며 진위 여부를 가릴 결정적 아이디어를 떠올렸다.

아르키메데스의 사례처럼 단지 고민을 멈춘다고 해서 무조건 번뜩이는 아이디어가 떠오르지는 않는다. 브루잉 효과는 전혀 새로운 상황이나 심리적 자극이 더해졌을 때 늘 해오던 고민의 방식으로는 보이지 않던 아이디어가 탄생하는 쪽에 가깝다. (물론 사람마다 차이는 있겠지만) 고민을 내려놓았을 때 내 무의식 속에서 이미 존재하는 다양한 경험과 지식들이 불규칙하게 융합되고, 그 과정 끝에 논리와 분석만으로는 결코 생겨나지 않았던 생경하고도 적합한 결합이 만들어지는 원리라고 생각한다. 언젠가 보았던 영화 속 한 장면이 머릿속에서 전혀 관련 없는 제품의 특징과 결합되어 광고 콘텐츠의 스토리 라인이 되기도 하고, 해외여행 중 들렀던 문화 유적지에서의 경험이 지구 반대편 브랜드의 팝업 스토어 콘셉트로 발전하는 것처럼 말이다.

이런 맥락에서 간혹 광고업계에서 일하기를 꿈꾸는 학생 후배들과 이야기할 때면 늘 '최대한 다양한 경험을 해보았으면 좋겠다'라는 뻔한 조언을 한다. 지금 당장은 쓸모없어 보이는 경험일지라도 영감의 바다를 넉넉하게 채워두면 언제 어떤 방식으로든 아이디어의 원천이 된다고 믿기 때문이다.

"그래서 당신이 가진 영감의 바다는 태평양만큼 넓습니까?"라고 누가 내게 묻는다면, 자신 있게 답할 수 있을까? 이 정도 대답이 나의 최선이다. "사실 전혀 그렇지 못합니다. 작은 연못 정도의 넓이에 가깝다고 할까요."

게다가 최근 나는 아이디어 채취 면에서 고전을 면치 못하는 중이다. 요즘 뜨는 밈과 트렌드를 바탕으로 통통 튀는 아이디어를 내는 후배들, 유연한 생각의 확장과 노하우를 통해 정제된 아이디어를 들려주는 선배들을 보며, 그들에 비해 나는 늘 어디선가 본 듯한 뻔한 아이디어만 건져 올리는 것은 아닐까 스스로 반성 중이다. 아이디어를 내고 그럴싸하게 정리하는 일이라면 누구에게도 밀리지 않는다는 자신감으로 똘똘 뭉쳤던 때도 있었다. '역시 나는 천재인 게 분명해!' 하고 콧김을 팡팡 내뿜었던 자신감 넘치던 시절. 그 시절과 비교해 최근의 나는 무엇이 부족한 것일까?

자체 분석 결과, 영감의 바다가 메말라버렸다는 결과에 도달했다. 나이가 들수록 새로운 경험을 꺼려 하는 나의 태도가 원인이다. 익숙한 선택은 안심이 된다. 자주 가보았던 장소에서는 나 같은 길치도 여유롭다. 익숙한 분야만 대화 소재로 삼는다면 유려하게 대화를 주도해갈 수 있다. 그렇게 익숙함이라는 안온함을 즐기는 사이, 내 영감의 바다는 바닥을 보이며 메말라버렸다.

다행이라고 할 만한 사실은 진짜 메말라버린 바다를 채우는 일은 거의 불가능하지만, 영감의 바다를 채우는 일은 언제라도 가능하다는 것. 파블로 피카소는 알타미라 동굴에서 영감을 받았고●● 장류진 작가는 후쿠오카 공원에서 개를 데리고 산책하는 사람을 보다가 작품의 단초를 떠올렸다고 한다.●●● 거창하지 않아도 익숙하지 않은 작은 경험들이 모이면 다시 영감의 바다가 넉넉하게 채워질 것이다.

'가본 적 없는 동네로 모험을 떠나자', '사람들이 몰리는 장소를 기웃거려보자', '불호하는 장르의 음악을 들어보자', '읽을 엄두가 나지 않던 고전을 들고 여행을 떠나자', '이상한 단어를 검색해보자'. 건조해져 바닥을 드러낸 내 영감의 바다 밑바닥에 서걱서걱 메모를 남겼다.

● 홍승표, '문제를 내려놓아야 답이 보인다: 브루잉효과', 〈충북일보〉, 2023년 3월 26일.
●● 장영환, '구석기시대의 삶 '알타미라 동굴', 〈이투데이〉, 2023년 10월 20일.
●●● 엄윤미, '해피엔딩이라는 틀에 갇히지만은 않았으면-소설가 장류진 편', 〈채널예스〉, 2021년 5월 12일.

지극히 편향적인
안테나를 세우자

확증 편향

'올해 한국 사회가 경계해야 할 심리 현상은 '확증 편향''이라는 한 기사•를 보고 노호혼처럼 연신 고개를 끄덕였다. 한국사회및성격심리학회라는 단체가 회원들을 대상으로 '2024 한국 사회가 주목해야 할 사회 심리 현상'을 투표로 선정했는데, 제안된 몇 가지 후보 중 '확증 편향'이 가장 많은 표를 얻었다는 것이다. 확증 편향(*Confirmation bias*)은 자신의 신념이나 생각에 들어맞는 정보만 취사적으로 주목하고 그 외의 정보들은 받아들이지 않는 사고방식을 일컫는다.••

 우리는 누구나 자의적 혹은 타의적으로 자신의 생각에 부합하는 정보만 중점적으로 수집하곤 한다. 이를테면 포털 사이트의 뉴스 페이지를 스크롤 하다가 관심 가는 타이틀을 보면 냉큼 클릭해 일독하지만 어딘가 불편하다고 느껴지는 타이틀은 흉한 것이라도 본 듯이 고개를 돌려버린다. 한편 똑같은 사실을 보고도 자신의 입맛에 맞게 다른 해석을 할 때가 많다. 가령 내가 지지하는 *A*의 소신 발언은 '당당함'이지만, 내가 싫어하는 *B*의 소신 발언은 '분란 조장'이라고 보는 것이다. 전문가들이 작금의 우리 사회가 주목해야 할 키워드로 확증 편향을 뽑은 것은 사고의 편향성을 점점 더 짙게 만드는 사회 분위기를 경계하자는 의도가 담겼다고 생각된다.

확실히 확증 편향이라는 심리적 경향성은 긍정적인 면보다는 부정적인 면이 많은 듯 보인다. 만일 확증 편향이 한 명의 사람이었다면 분명 계도 대상으로 분류됐을 것이다. 하지만 어떤 존재이든 갱생의 여지는 있다. 확증 편향이라는 심리 현상도 어떻게 활용하는지에 따라 우리에게 유용할 수 있다. 나는 꽤 오래전부터 잘만 활용하면 확증 편향이 아이디어를 낚아채는 훌륭한 낚싯대가 될 수도 있음을 경험해 왔다. 나는 이것을 '확증 편향 안테나'라고 부른다. 물론 아무런 공신력 없는, 지극히 개인적으로 붙인 명칭이다.

사회 초년생 시절 몸담았던 광고 회사의 대표님께 순진한 질문을 던진 적이 있다. "대표님께서는 아이디어가 잘 안 떠오를 때 어떻게 하시나요?" 나라면 "날을 새서 고민하다 보면 뭐라도 나오지 않을까?" 정도의 별 도움 안 되는 이야기를 해줬겠지만, 당시 대표님은 내게 수수께끼 같은 답변을 내놓으셨다.

"안테나를 세우면 전파가 잡혀."

당시 그 말을 들은 나는 속으로 이렇게 생각했다. '안테나를 세우면 전파가 잡힌다고요? 당연히 그렇겠지요!' 당시엔 대표님의 대답이 '콩 심은 데 콩 나고 팥 심은 데 팥 난다'라는 속담처럼 당연한 이치를 이야기한 듯 들렸다. 하지만 광고업계에서 몇 년을 구르다 보니 이제 어렴풋이 그 말씀의 뜻을 알 것도 같다. 아이디어를 내야 하는 주제나 기본적인 전략 가설에 집중해 파고들다 보면 나도 모르는 사이 확증 편향 현상이 일어난다. 일상에서 만나는 모든 것에서 힌트가 될 만한 것들이 취사적으로 낚아채지거나 힌트가 되는 쪽으로 재해석되는 것이다. 요컨대 (고민의) 안테나를 세우면 (힌트라는) 전파가 잡힌다.

더 구체적으로 설명하기 위해, 여러분이 여행 서비스의 신규 광고 캠페인이라는 과제를 받았다고 가정해보자. 이 캠페인의 기획자라면 아마도 사람들로 하여금 여행을 떠나게 만드는 심리적 동인이나 요즘 여행을 할 때 사람들이 중요하게 생각하는 요소 등을 먼저 고민할 것이다. 이런 생각을 며칠 동안 깊게 하다 보면 여행과 관련된 확증 편향 현상이 일어난다. 평소라면 그냥 무시했을 카페 옆자리 직장인들의 대화 속에서 여행에 대한 갈증을 심하게 느끼는 타깃의 속마음을 듣게 된다. 여행 예능 프로그램 속 출연자의 우스갯소리가 광고 카피의 힌트가 되기도 한다. 교통 체증 속 옆 차선 운전자의 피곤한 표정이 '요즘 아빠들이 원하는 여행은 어떤 모습일까?'라는 의문으로 이어지기도 하고, 역마살 걸린 친구의 인스타그램 피드가 달라진 여행 트렌드를 발견하는 단초가 되기도 한다.

이때 중요한 것은 고민의 강도다. 내 경험상 고민의 강도가 약하면 확증 편향 안테나가 제대로 펼쳐지지 않는다. 교통 체증 속 옆 차선 운전자의 피곤한 표정을 봐도 평소와 다름없이 '아휴, 지겨워. 나도 빨리 집에 가서 닌텐도나 하고 싶구만' 하고 말아버리는 것이다.

봉준호 감독은 영화 〈괴물〉의 핵심 아이디어를 다큐멘터리의 한 장면을 유심히 관찰하다가 발견했다고 한다.

"(보통의 경우) 괴물이 희생자를 잡아먹거나 해치거나 하는데 이 영화는 희생자를 운반하잖아요. 그게 이 영화의 플롯을 다른 몬스터 영화와 완전히 다르게 만든 거였어요. (〈괴물〉은) 괴물 영화의 외피를 쓰고 있지만 사실은 유괴 영화예요. 그런데 유괴범이 괴물인 거죠. 사람이 아니라. 그런 플롯의 최초 아이디어를 어디서 얻었냐 하면 동물 다큐 프로를 보다가 얻은 거예요. (다큐를 보는데) 펠리컨이 물고기를 (잡아먹지 않고) 운반하더라고요. 그게 〈괴물〉에 적용이 된 거예요.

(…) 하루에도 수백 번의 찬스가 있을 거예요. 그것을 언제 어떻게 캐치하느냐의 문제인 것 같아요. 자극이나 영감은 도처에 이미 널려 있다고 생각해요."●●●

시나리오 집필에 몰입한 봉준호 감독의 예민한 안테나에 다큐멘터리의 한 장면이 그저 동물의 세계가 아니라 괴물 영화의 한 장면으로 '파지직' 교신하는 장면을 상상해본다.

당장에 쓸모없어 보이는 심리적·경제적 현상에 내가 관심을 갖는 이유 중 하나는 이것이다. 우리 주변의 심리적·경제적 현상의 작동 방식을 이해하면 그것을 내게 유용한 방식으로 조정해 이용하는 것이 가능하기 때문이다. 확증 편향 현상이 우리를 편협한 사고로 옭아매기도 하지만 때로는 효율적으로 아이디어를 낚아채도록 도와주듯이 말이다.

오늘도 아이디어의 숲을 헤매는 동료와 후배들에게 확증 편향의 안테나를 높이 세워보길 권한다. 당신의 안테나가 매일 지나치는 백반집의 간판 속에, 영화 속 조연 배우의 지나가는 대사 속에, 투 머치 토커 친구와의 잡담 속에 숨어 있던 아이디어와 '파지직' 하고 교신하기를 응원한다.

● 김길원, '올해 한국 사회가 경계해야 할 심리 현상은 '확증 편향'', 〈연합뉴스〉, 2024년 1월 4일.
●● 강준만, 《감정 독재》, 인물과사상사, 2013.
●●● 봉준호, 한국영화아카데미 마스터 클래스, '극복되지 않는 불안과 공포-영화 창작 과정에서 우리를 두렵게 하는 것들', 2015년 5월 18일.

당신은 어떤 말을
경계하나요?

...

허위 합의 효과

대학생 시절 이런저런 아르바이트를 전전했다. 지금은 자취를 감춘 비디오방 아르바이트부터 노래방, PC방 등 각종 방들을 섭렵했다. 당시 함께 일하는 친구들 사이에서는 모두가 경계하는 일종의 금기어가 있었는데, 그것은 바로 "오늘 좀 널널한데?"였다. 누군가 무심코 이 말을 꺼내는 순간 손님이 물밀듯이 들어오거나 계획에 없던 사장님의 대청소 지시 같은 게 떨어졌다. 우리는 누군가 "널널한데?"의 '널'까지만 말해도 황급히 손날로 목젖을 때리며 전체 문장이 입 밖으로 튀어나오지 않도록 막아버리곤 했다.

사원 시절 사수였던 *K*는 "그럴 수 있지"라는 말을 자주 했다. 광고 회사 일이라는 게 결국 각자 전문성을 가진 다양한 사람들 간의 합으로 굴러가다 보니 절대 이해할 수 없는 사고방식을 지닌 사람들과도 마주할 일이 종종 생긴다. 그런 이들과 회의를 끝마치고 나면 혈기 왕성했던 당시의 나는 "부장님, 진짜 말도 안 되는 얘기 아닌가요?"라고 항변했다. 그때마다 *K*는 늘 "그럴 수 있지, 그럴 수 있어"라고 중얼거렸다. 그 말을 입 밖으로 내뱉음으로써 상대방의 선의를 이해하려 노력하는 것 같았다.

요즘 나는 '당연히'라는 말을 경계한다. 기획자라면 특히 더 경계해야 할 말이라고 생각해서다. 우리는 종종 어떤 사안에 대한 자신의 생각을 기준으로 '다른 사람들도 당연히 이렇게 생각하는 것 아니야?' 할 때가 있다. 하지만 내 생각이 당연히 맞다는 착각은 우리를 판단의 오류로 이끈다. 이른바 '허위 합의 효과(False consensus effect)'다. 허위 합의 효과는 많은 사람이 자신과 비슷한 생각을 하리라고 여기거나, 자신의 견해가 일반적으로 통용되는 사회적 가치라고 생각하는 경향을 말한다.*

이러한 경향은 특히 정치 영역에서 자주 발생한다. 정치적 견해는 다양할 수 있음에도 불구하고 '당연히 A 후보가 당선되겠지. B 후보 같은 사람은 찍을 사람이 없는 게 당연하잖아?' 하고 믿어 의심치 않는 것이다. 그리고 의외의 선거 결과가 나오면 당황하고, 심하면 결과를 의심하기도 한다. '말도 안 돼. 조작된 거 아니야?'라면서.

광고 캠페인이나 마케팅 활동을 기획할 때 소비자 조사라는 (상당히 귀찮은) 과정을 거치는 이유도 이 때문이다. 책상 앞에 앉아 전략 기획을 할 때 '이건 당연히 통할 것 같은데?' 하는 아이디어를 바로 실행한다면 참으로 편할 것이다. 하지만 소비자 조사를 해보면 실제 타깃 소비자들과 책상 앞에서의 내 생각이 다를 수 있다는 당연한 사실을 깨닫게 된다.

온라인 자료나 서적 자료 조사(Desk research), 좌담회, 정량 조사와 같은 종류의 작업들을 통칭해 '객관화 작업'이라고 부르기도 한다는 사실이 새삼 재미있다. 말 그대로 기획자만의 생각이 아니라 실제 광고 캠페인을 보거나 마케팅 활동의 대상이 될 사람들 입장에서 '객관적으로 통할 만한 이야기인지' 점검해본다는 의미이리라.

오래전 남성 패션 쇼핑몰의 광고 캠페인을 준비할 때의 이야기다. 당시 처음 잡았던 전략 방향성은 '당신에게 해법을 주는 쇼핑몰'이었다. 누구나 자신의 몸에 자신 없는 부분이 한두 군데는 있을 것이고, 그런 결점들을 보완해주는 옷을 판매하는 쇼핑몰이라면 분명 매력적일 것이라는 판단이었다. 다른 이의 눈에는 완벽해 보이는 사람도 스스로의 부족한 면을 먼저 본다는 가설에 바탕해 수립한 전략 방향성이었다.

하지만 그 쇼핑몰의 핵심 고객이라고 할 만한 20대 남성들을 인터뷰해보니 가설과는 전혀 다른 응답이 나왔다. 그들은 스스로의 몸과 외모에 대해 자신감이 넘쳤고 적어도 옷을 고를 때만큼은 결점 같은 것을 크게 생각하지 않았다.

그저 '어떻게 하면 이성의 눈에 잘 보일 것인가'가 그들이 패션 쇼핑몰을 선택할 때의 주된 관심사였다(물론 매우 오래전 이야기라 요즘 20대 남성들의 생각은 다를 수도 있겠다). 배 불뚝한 30대 아저씨가 책상머리에서 생각한 아이디어가 실제 20대 청년들에게도 당연히 먹히리라고 생각한, 전형적인 허위 합의 효과의 사례다.

조사를 통해 오류를 발견한 후 전략 방향은 대대적으로 수정됐다. 스스로에 대한 자신감과 이성에 대한 그들의 관심을 솔직하게 표현한 전략과 시안이었다. 다행히 수정된 전략과 시안에 대해 광고주는 대단히 만족했고, 우리는 제안한 내용 그대로 무사히 광고를 집행했다.

"훌륭한 나무꾼은 몸에 단 하나의 상처만 지니고 있는 법이야. 그 이상도 아니고 그 이하도 아니지. 단 하나뿐이야."●●

이때의 경험을 계기로 나는 '당연히'라는 말을 일종의 내적 경보기처럼 활용한다. 전략을 구상하다가 '뭐 이건 당연히…'라는 생각이 떠오르면 머릿속에서 '삐용 삐용' 하고 요란하게 경보가 울린다. 진짜 그렇게 생각하냐고, 과연 다른 사람들도 같은 생각일지 확신할 수 있냐고 격렬하게 삿대질을 해댄다. 솔직히 말해 촌각을 다투는 업무 일정 중에 이런 경보가 울리면 참 귀찮아진다. 하지만 치명적인 실수를 다시 반복하지 않게 해주는 안전장치라고 생각해 늘 마음속에 지니며 산다. 이 경보기의 센서가 무뎌진 것 같으면 나사도 다시 조여주고 기름칠도 해주며 예민하게 관리 중이다.

우리는 흔히 머릿속 생각이 언어화되어 말로 나온다고 알고 있다. 맞는 말이다. 하지만 때로는 그 반대로 내가 평소 무심코 쓰는 말이 내 생각을 좌우하기도 한다. 그리고 그런 생각들이 쌓여 나라는 사람의 정체성이 된다. 우리가 자주 쓰는 말에 대한, 그리고 경계해야 하는 말에 대한 고민은 충분히 의미 있는 일이라고 생각하는 이유다. 그래서 지금 이 글을 읽고 계신 당신께도 묻고 싶다. 당신이 자주 쓰는 말, 당신이 경계하는 말은 무엇인가요?

- 강준만, 《감정 독재》, 인물과사상사, 2013.
- 무라카미 하루키, 《세계의 끝과 하드보일드 원더랜드 2》, 김진욱 옮김, 문학사상, 1996, 59쪽.

가끔은 터널에서
벗어날 필요가 있다

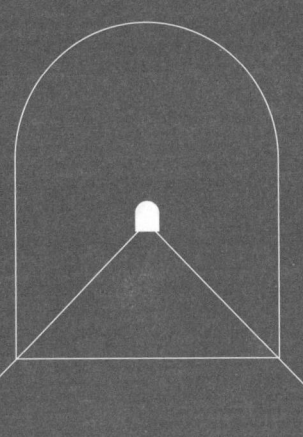

터널 시야 현상

최근 읽고 있는 무라카미 하루키의 소설 《도시와 그 불확실한 벽》 속에서 도서관 관장으로 일하는 주인공은 저녁이 되면 독서용 의자에 앉아 좋아하는 책을 읽으면서 스카치위스키를 온더록스로 한두 잔 마신다. 그리고 졸음이 오면 잠자리에 든다.• 온라인 매체 〈허핑턴 포스트〉의 회장 아리아나 허핑턴도 이와 마찬가지로 잠들기 전 종이책을 읽고 오늘 하루 감사했던 일 세 가지를 노트에 적으며 하루를 마무리하길 권한다.•• 일견 분위기 있고 생산적인 취침 루틴이다. 대한민국의 성실한 직장인이자 냉철한 기획자인(희망 사항이다) 나는 자기 전이면 늘 스마트폰 세상에 빠져든다. 적고 보니 좀 부끄럽다.

　심각한 귀차니즘 유전자를 타고난 나는 SNS에 무언가를 올리는 일은 하지 않지만 보는 데는 열심인 편이다. 그저 가만히 누워서 스크롤을 내리면 내 취향에 딱 들어맞는 사진이나 영상 콘텐츠들이 끊임없이 쏟아지기 때문이다. 알고리즘이 추천하는 콘텐츠들을 탐독하다 보면 시간은 어느새 훌쩍 흐르는데, 내 취향을 딱 저격하는 콘텐츠들은 지치지도 않고 계속 고개를 들이민다. 그렇게 언젠가부터 침대에 누워 스마트폰을 만지작대며 이런저런 콘텐츠들을 보다가 잠드는 게 하루를 마무리하는 루틴처럼 자리 잡았다.

그런 하루하루들이 쌓일수록 알고리즘의 추천은 더 정교해진다. 인스타그램은 내가 좋아하는 신발에 대한 정보를 넘어 특정 브랜드, 특정 모델 라인의 정보까지 콕 집어 띄워준다. 좋아하는 예능 명장면과 함께 최근에 많이 검색한 육아 관련 콘텐츠들도 적절히 섞어놓는다. 유튜브 알고리즘도 귀신 같기는 매한가지. 내가 좋아하는 장르의 영화 소개 콘텐츠, 최근에 관심 있게 봤던 브랜드의 캠페인, 내가 지지하는 정치적 입장을 대변하는 뉴스까지 알아서 척척 띄워준다. 그런 영상들 중 가장 눈에 띄는 영상을 하나 클릭해 보다 보면 곧바로 다음 영상을 추천해준다. 그런데 또 그 추천 영상이 기가 막히게 관심 있는 주제라서 클릭을 안 하고는 못 배긴다. 잠시 시간을 때운다는 생각으로 영상을 클릭했을 뿐인데 파도 타듯 추천 영상들을 이어서 보다 보면 어느새 영화 한 편, 종이책 한 챕터를 읽었어도 충분했을 시간이 소각되어 있다.

이쯤 되면 '원하는 것들만 쏙쏙 뽑아서 보여주다니 이것 참 편리한 세상이로구나' 하고 맘 편히 생각해보려 하지만 엄마 몰래 불량식품을 먹은 아이처럼 마음 한구석이 찝찝하다. 나는 그런 콘텐츠들을 보며 내 안에 무엇을 쌓아가고 있는 것일까? 문득 스스로의 시야를 좁고 긴 터널 안에 가두고 있는 것은 아닐까 하고 경계하게 된다. 이 일련의 과정이 타의에 의해 강제된 '터널 시야(Tunnel vision) 현상' 같다고 생각했다.

개방된 도로에서 운전을 하다가 터널에 진입하면 이내 주변은 온통 어둡게 변하고 멀리 조그만 출구 빛만이 눈에 들어온다. 터널 시야 현상은 이처럼 눈앞의 상황에만 집중하느라 주변에서 일어나는 일을 제대로 이해하거나 파악하는 능력이 저하되는 현상을 말한다.••• 터널 시야 현상은 보통 운전 시 나타나는 시각 능력 저하 현상을 지칭하지만 심리적 또는 인지적 차원에서의 터널 시야 현상도 존재한다. 시간적으로 여유가 부족하거나, 개인에게 너무나 중요한 목표가 있을 때 그 일에 지나치게 몰입한 나머지 주변의 아무것도 눈에 들어오지 않는 경지를 경험할 때가 있다. 이런 종류의 터널 시야는 (리스크는 있지만) 유용할 때가 많다. 오로지 목표로 한 일에만 집중해 최대한 빠른 시간 내에 그 일을 해결하는 데 도움이 될 수 있기 때문이다.

하지만 SNS 알고리즘으로 강제된 터널 시야는 이야기

가 다르다. 이 경우 새로운 정보보다는 이미 알고 있던 정보만, 다양한 의견보다는 내 입맛에 부합하는 편향된 의견만 늘 흡수하게 된다. 그 결과, 그 좁은 시야 안에 들어온 세상이 전부인 양 착각하게 만든다. 관심 없는 영역의 콘텐츠를 보는 것은 일견 무의미해 보인다. 내 사상과 반대된 사람들의 이야기를 듣는 것은 굉장한 스트레스다. 하지만 가끔 스스로에게 질문을 던져본다. '내가 보고 있는 것이 세상의 전부인가?', '내가 정의라고 여겼던 것이 진짜 정의일까?' 물리학자 정재승 교수는 저서 《열두 발자국》에서 이렇게 이야기했다.

"나의 트위터 팔로잉 목록을 들여다봤을 때 내가 어떤 사람인지를 단번에 알 수 있다는 건, 나는 듣고 싶은 얘기만 듣는 사람이란 뜻입니다. 여러분의 트위터 타임라인은 여러분이 디자인한 세상, 조작한 세상이거든요."[••••]

동료 J는 두 개의 유튜브 계정을 번갈아 사용한다. 하나는 자기 계발용 계정으로 주로 업무 스킬 향상이나 외국어 공부를 위한 채널들을 팔로우한다. 뭔가 배울 수 있는 계정이라면 닥치는 대로 클릭하고 마음에 들면 팔로우하는 식이다. 또 하나의 계정은 이른바 '덕질' 계정으로 아이돌 직캠이나 강아지, 애니메이션 등 오직 보고 싶은 영상만 추천되도록 정교하게 관리 중인 계정이다. *J*는 그날의 컨디션이나 기분에 따라 두 계정을 번갈아 사용함으로써 너무 좁은 영역의 영상만 탐닉하는 것을 경계한다.

영화광 *H*는 가끔 자체 영화제를 연다. 영화제 주제는 특별한 맥락이 없다. '이번엔 일본 영화제 콘셉트로 가볼까?' 하고 마음먹으면 지인들에게 추천을 받고 넷플릭스 순위 같은 것을 대충 살펴본 후 리스트를 짠다. 그리고 주말 내내 방구석에 틀어박혀 일본 영화만 보는 식이다. 자체 영화제 끝에 새로운 영역에 눈을 뜨기도 하고 때론 실망하기도 하지만, 이것이 *H* 나름대로 취향에서 벗어난 새로운 콘텐츠를 받아들이는 방식이다.

최근 나는 포털 사이트의 구독 언론사 목록을 재정리했다. 기존 언론사 목록이 나의 정치적 견해에 부합하는 언론사들의 모음집이었다면 재정리한 목록은 최대한 균형을 맞추려 노력했다. 똑같은 이슈에 대해 전혀 다른 해석을 내놓는 기사 타이틀들이 재미있기도 하고 불편하기도 하지만, 지나치게 어느 한쪽의 목소리만 듣는 일은 경계하고자 한다.

방법이야 여러 가지가 있겠지만 아주 가끔이라도 좁디좁은 콘텐츠의 터널을 벗어날 필요가 있다. 덜컹거리지만 처음 가보는 비포장도로를 달리다 보면 '아, 이런 길로도 갈 수 있었구나', '이 동네에 저런 하천이 있었어?' 하고 시야가 트인다. 그렇게 아는 길만 능숙하게 잘 가는 사람보다 생각의 지도가 넓은 사람이 되고 싶다.

- 무라카미 하루키, 《도시와 그 불확실한 벽》, 홍은주 옮김, 문학동네, 2023, 279쪽.
- •• 권혜민, '적게 자서는 빙산을 피할 수 없다', 〈티타임즈〉, 2016년 8월 9일.
- ••• pmg 지식엔진연구소, 《시사상식사전》, 박문각.
- •••• 정재승, 《열두 발자국》, 어크로스, 2018, 54쪽.

좋은 질문이 판도를 바꾼다

침묵의 나선 이론

멋진 답변을 하는 사람보다 좋은 질문을 던지는 사람이 더 매력적으로 보일 때가 있다. 어떤 질문에 대해 풍성하고 흥미로운 답변을 한다는 것은 생각보다 어려운 일이고, 답변이 빈약하거나 질문 의도에서 벗어나는 이유는 종종 답변자의 문제이기보다 질문이 사려 깊지 못한 탓이기 때문이다. 이런 맥락에서 명쾌하고 재기 발랄한 답변 그 자체보다는 그 답변을 이끌어낸 현명한 질문이 종종 나의 마음을 사로잡는다.

 *TV*를 잘 보지 못하는 편이지만 그래도 틈틈이 챙겨 보는 프로그램이 하나 있다. 바로 '유 퀴즈 온 더 블럭'(이하 '유퀴즈')이다. *MC* 유재석 님과 조세호 님이 다양한 분야의 사람들을 초대해 이런저런 질문을 던지며 인터뷰하는 프로그램이다. 최근의 유퀴즈는 특정 분야의 전문가나 화제의 인물, 그리고 연예인들을 주로 섭외해 그들의 인생사를 듣는 데 집중하는 듯한데, 사실 나는 지금의 형식보다는 팬데믹 이전 유퀴즈의 열렬한 팬이다. 그 시절의 유퀴즈는 유재석 님과 조세호 님이 거리 곳곳을 돌아다니며 즉흥적으로 만

난 평범한 시민들을 인터뷰하는 방식으로 진행됐다. 길거리를 정처 없이 돌아다니다가 우연히 만난 슈퍼마켓 주인, 눈인사를 나눈 길 건너편 커플, 대청마루에 앉아 쉬고 계시던 할머니 같은 분들이 인터뷰 대상이었다. 몰랐던 분야의 전문적인 이야기나 인기 스타의 성장 서사 같은 것도 흥미롭지만 평범해 보이는 시민들의 사적인 이야기들은 그 시절의 유퀴즈에서만 들을 수 있는 유니크한 이야깃거리였다.

그 당시 유퀴즈를 매력적으로 만든 또 하나의 요소는 '질문'이었다. 방송 중간중간 사람들에게 공통으로 질문을 던지는 시간이 있었는데 그 질문 내용이 꽤 흥미롭다. 이 질문 시간에는 "요즘 사는 게 어때요?"라고 묻는 대신 "시간이 빠르게 가는 것 같나요? 느리게 가는 것 같나요?"라고 묻는다. "당신에게 가장 소중한 사람은 누구인가요?"라고 묻는 대신 "마지막으로 누군가에게 한 통의 문자를 보낼 수 있다면?"이라고 묻는다. "꿈이 뭐예요?"라는 뻔한 질문 대신 "내 신문 기사가 나간다면 그 타이틀은?"이라고 물었던 질문도 기억에 남는다.

보통 사람들은 길거리 인터뷰를 해본 경험이 없는 경우가 대다수일 터이기 때문에 무작위 시민 인터뷰는 자칫 딱딱하고 뻔한 이야기로 이어지기 쉽다. 하지만 이런 질문들은 누가 인터뷰 대상자이더라도 흥미로운 이야깃거리를 끄집어낼 수 있게 도와준다. 어떻게 질문하는가에 따라 답변이 달라질 수 있음을 아는 방송작가의 사려 깊은 고민이 담긴 질문들이다.

직업 특성상 소비자 좌담회를 통해 사람들에게 질문할 일이 종종 생긴다. 이를테면 '초등학생 저학년 자녀가 있는 40대 주부 그룹'에게 유제품 구입 행태에 대해 묻는 식이다. 이런 좌담회를 진행하다 보면 솔직하고 풍성한 답변을 이끌어내기가 여간해서는 쉽지 않음을 절감하게 된다. 좌담회가 특별히 전문적인 지식을 필요로 하는 자리는 아니지만 처음 보는 사람들 앞에서 평소에는 전혀 생각해보지 않은 질문에 답변해야 하는 불편한 자리임에는 틀림없다. '광고를 보고 OO 우유에 대한 구매 의향이 얼마나 늘었는지'에 대한 답변을 일상 중에 생각이나 해봤겠는가 말이다. 특히 네다섯 명이 한자리에서 같은 질문에 답하는 좌담회의 특성상 종종 '침묵의 나선 이론(Spiral of silence theory)'이 확인되기도 한다.

침묵의 나선 이론은 독일 사회과학자 엘리자베스 노엘레 노이만(Elisabeth Noelle Neumann)이 주장한 이론으로 대중 여론이 형성되는 과정에 관한 이론이다. 사람들은 보통 사회적으로 소수 의견인 집단 쪽에 속하는 것을 두려워한다. 그렇기 때문에 자신의 의견이 다수의 의견 쪽에 속하면 적극적으로 의견을 피력하지만 소수의 의견 쪽일 경우에는 의견을 말하기보다 침묵하는 경향을 보인다.•

특정 질문을 했을 때 앞사람들이 모두 비슷한 답변을 하면 자신이 그 의견에 반대하더라도 적극적으로 자기 입장을 말하기 어려워진다. 예컨대 다섯 명의 사람들에게 한 편의 광고를 보여주고 해당 광고에 대한 솔직한 의견을 물었을 때, 앞서 답변한 네 명의 사람들이 모두 긍정적 이야기만 한다면 마지막에 답변하는 사람은 그 광고가 마음에 들지 않더라도 솔직하게 의견을 드러내기가 쉽지 않다. 괜히 반대 의견을 냈다가 이상한 사람처럼 비치거나 다수에게 반박당하는 상황이 두려워 그냥 비슷한 의견으로 얼버무리고 넘어가는 것이다.

그렇기 때문에 나는 좌담회가 시작되기 전 참석자들에게 항상 이런 말씀을 드린다. "오늘 제가 드리는 질문들에 정답은 없습니다." 좌담회에서는 가급적 사람들의 평상시 생각을 있는 그대로 듣는 것이 기획자의 분석에 도움이 된다. 하지만 사람들은 마치 정답을 찾는 것처럼 심사숙고해 (평상시 생각과는 다른) 옳은 의견을 이야기하려고 하거나 잘 모르겠다면 다수 의견 쪽에 속하려고 한다. 따라서 좌담회 시작 전, 또 좌담회를 진행하는 중간중간에 정답은 없다는 사실에 대해 환기해주면 답변이 왜곡되는 결과를 미연에 방지할 수 있도록 도와준다.

좌담회 답변을 잘 이끌어내기 위한 또 한 가지 작은 노력이 있다면, 똑같은 질문을 던지더라도 응답자가 가능하면 아주 일상적인 상황을 상상하며 답변할 수 있게끔 돕는 것이다. 가령 "이 광고 어떤 것 같으세요?"라고 묻기보다는 "영화 기다리시다가 이 광고를 보셨다면 옆 친구한테 뭐라고 하셨을 것 같으세요?"라고 바꾸어 묻는 것이다. 또는 "A 회사의 우유 제품에 얼마나 만족하세요?"라고 묻는 대신 "슈퍼에 왔는데 A 회사의 우유가 품절이라면 그냥 다른 우유를 사 갈 것 같으세요? 아니면 다른 슈퍼에 가볼 것 같으세요?"라고 묻는 식이다. 대단한 스킬은 아니지만 이런 작은 노력들이 솔직하고 풍부한 답변을 이끌어내는 데 분명 조금은 도움이 된다.

생각해보면 우리의 일상 대부분은 질문과 답변이라는 행위로 촘촘히 채워져 있다. 가볍게 안부를 묻는 일부터 사회적 이슈에 대한 의견을 묻고 답하는 일까지 질문과 답변은 쉼 없이 이어진다. 그 가운데 우리는 누군가의 무례한 질문에 당황하기도 하고 누군가의 날 선 답변에 상처받기도 한다. 때로는 누군가의 깊이 있는 질문에 새로운 관점을 얻기도 하고 누군가의 친절한 답변으로 미소 짓기도 한다.

답변은 결국 질문에 의한 반작용이다. 그러니 작은 배려나 센스가 담긴 질문이 우리 삶을 보다 풍성하고 넉넉하게 만들어준다고 해도 과언이 아니다. 오늘 하루 나는 어떤 질문을 던졌나? 그리고 그로 인해 어떤 답변을 들었나? 곰곰이 생각해볼 일이다.

- 이동귀, 《너 이런 심리법칙 알아?》, 21세기북스, 2016.

S적으로 살아보기

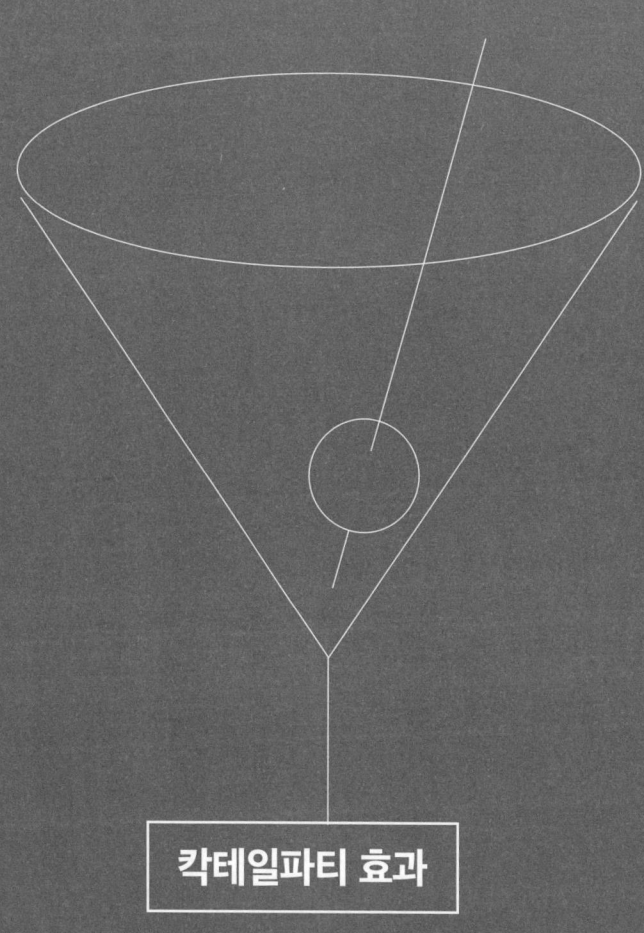

칵테일파티 효과

자기만의 세상을 구축하는 방식에는 두 가지 길이 있다고 생각한다. 하나는 가지치기를 하듯 싫어하는 것들을 없애나가는 방식이다. 한동안 어울려 다녔던 Y는 그런 사람이었다. Y는 "나는 저런 건 싫어"라는 말을 자주 했다. 함께 길을 걷다가 인기 있는 가게 앞에 길게 늘어선 사람들을 보면 "굳이 줄까지 서야 할 정도야?"라며 혀를 찼다. 좋아하는 감독에 대한 이야기를 꺼내면 "그 감독 작품, 난 별로더라고. 오히려…" 하며 시니컬하게 이야기하는 친구였다.

 물론 그의 방식을 존중한다. 그의 태도는 확신에 가득 차 있었으며 일견 효율적으로 보이기까지 했으니까. 하지만 때론 어딘가 미묘하게 틀어진 조준경을 가지고 들판으로 달려 나가는 사냥꾼처럼 보이기도 했다.

 반면 나의 아내이자 벗 S는 싫어하는 것보다는 좋아하는 것이 넘쳐나는 사람이다. 그녀와 함께 하루를 보내다 보면 수십 번쯤 "와! 나 이거 좋아하는데" 하는 감탄사를 듣게 된다. 유튜브를 보다가 신작 영화 예고편 광고가 나오면 "와! 나 이 감독 좋아해" 하고, 동네 빵가게를 지날 때면 "크, 저기 소금빵 맛있지!" 하며 감탄한다. 나로서는 처음 들어보는 아이돌의 신곡 안무를 배워와 괴이한 춤을 선보이기도 한다. Y가 가지치기를 통해 세상을 받아들이고 자기만의 세계를 다듬는다면, S는 흡입력 좋은 청소기처럼 세상의 모든 신기한 것, 재미있는 것들을 한껏 빨아들이는 태도로 세상을 산다.

'Y의 방식과 S의 방식 중 어느 쪽이 옳은가?'라는 질문에 정답은 없다. Y의 방식은 차갑지만 불필요한 낭비가 없다. 비유하자면 정확하게 설계된 식단에 따라 필요한 영양분만 섭취하는 프로 스포츠 선수와 같은 방식이다. S의 방식은 유쾌하지만 이것저것 모조리 받아들이다가 탈이 날지도 모른다. 길거리의 모든 게 신기하다는 듯 일단 입에 넣어보고 쓴맛에 놀라 뱉기도 하는 '시고르자브종' 강아지 같기도 하다.

그렇기 때문에 두 가지 방식 중 하나를 취해야 한다면 자신의 성정과 어울리고 능숙하게 컨트롤할 수 있는 방식으로 살아가면 된다고 생각한다. 다만 'Y의 방식과 S의 방식 중 어느 쪽이 더 즐거워 보이는가?'라는 질문에는 단박에 답할 수 있다. 옆에서 지켜본 바, S적 방식으로 살아가는 하루가 더 생동감 넘쳐 보인다. 좋아하는 것이 넘쳐나는 사람들에게 인생은 온종일 칵테일파티가 벌어지는 현장이기 때문이다.

쉬는 시간, 시끌벅적한 교실. 누군가 내가 짝사랑하는 친구에 대한 이야기를 한다. 그때 나도 모르게 눈이 번쩍 떠지며 그 이야기에 귀를 기울이게 됐던 경험을 누구나 해보았을 것이다. 이러한 현상을 심리학자들은 '칵테일파티 효과(Cocktail party effect)'라고 부른다. 우리는 매일 다양한 소리를 듣고 수많은 정보에 노출된다. 하지만 그 모든 정보를 모두 집중해 듣고 기억하지는 못한다. 다행히 인간에게는 수많은 정보 가운데에서도 본인에게 필요한 정보만 더 집중해 듣고 기억할 수 있는 선택적 주의력이 있다. 그렇기 때문에 수많은 사람들의 대화 소리가 뒤섞여 시끄러운 칵테일파티처럼 여러 사람의 목소리와 잡음이 많은 상황에서도 본인이 흥미를 갖는 이야기는 선택적으로 들을 수 있다.●

S의 귀는 시도 때도 없이 쫑긋거린다. 얼마 전 포장마차에 마주 앉아 심각한 이야기를 나누던 중이었다. 그녀가 야생동물 전문 사진가처럼 몸을 낮추고 '쉿' 하며 손가락을 입에 가져다 댔다. "뭔데? 뭔데?" 하며 그녀를 따라 주변 소리에 집중하니 옆 테이블에서 그녀가 좋아하는 아이돌 그룹에 대한 대화가 한창이었다. 옆 테이블의 이야기에 맞춰 그녀의 입꼬리가 씰룩거렸다. 혼잡한 시장 한복판에서도 그녀의 칵테일파티 효과는 예민하게 발동한다. 온갖 음식 냄새와 어지러운 인파 속에서도 그녀는 "저기 있다!" 하며 단호하게

어딘가를 손가락으로 가리킨다. 이윽고 그녀의 손끝을 따라가면 그녀가 사랑하는 꽈배기가 거기 있다. 사람 많은 곳에서는 집중력이 절반으로 뚝 떨어지는 나로서는 유리겔라의 숟가락 마법만큼이나 신기한 현상이다.

내가 세상을 받아들이는 방식을 돌아보자면 Y와 같지도 S와 같지도 않다. 나라는 인간은 특별히 싫어하는 것도, 그렇다고 열렬히 좋아하는 것도 많지 않다. 샷 하나가 덜 들어간 채 나와버린 맹숭맹숭한 아메리카노 같은 타입이랄까. 나에게 칵테일파티 효과를 일으키는 대상이라고 해봐야 경쟁 PT의 결과를 알리는 담당자의 메신저 알림음 정도다. 그래서 S의 모습에 더 호감이 갔는지도 모르겠다.

무언가를 좋아하는 것만으로도 삶에 에너지가 더해진다. 하루 종일 여기저기 관심을 기울이느라 진이 빠질 만도 한데 매일 새 건전지를 갈아 넣은 강아지 인형처럼 부산스럽게 돌아다니는 S의 모습이 그것을 증명한다. 소음 속에서도 귀를 쫑긋 기울이게 되고, 물밀듯이 쏟아지는 정보 속에서도 능숙하게 잡아챌 수 있는 대상은 그 사람의 삶에 영감이 되는 소중한 존재일 것이다. 그리고 그런 존재를 풍부하게 가진 사람과 그렇지 못한 사람의 하루는 분명 다르다.

- 이동귀, 《너 이런 심리법칙 알아?》, 21세기북스, 2016.

실패작 파라다이스

스티그마 효과

도나 도슨(Donna Dawson)이라는 영국의 심리학자는 컴퓨터 바탕화면과 사용자의 관계에 대한 흥미로운 연구 결과를 발표한 바 있다. 바탕화면의 폴더와 아이콘의 배열 방식, 배경으로 설정한 이미지를 보면 컴퓨터 주인의 평소 성격을 유추할 수 있다는 것이다. 특정한 기준 없이 바탕화면 곳곳에 아이콘을 배열한 사람은 주의가 산만한 편이고, 바탕화면 가득 아이콘을 배치한 사람은 모든 것을 자신의 통제 아래에 두려는 경향이 있으며, 어떤 사진도 없이 파란색 기본 바탕화면을 쓰는 사람은 사생활을 중시하는 사람이라는 해석이다.• 복잡 미묘한 인간의 유형을 너무 단순화한 게 아닌가 하는 생각이 들면서도 '난 어떻게 정리하고 있지?' 슬쩍 돌아보게 하는 흥미로운 연구다. 우린 *MBTI*에 열광하는 민족이니까.

나의 컴퓨터 바탕화면은 일견 아주 깔끔하게 정돈되어 있다. 일단 파워포인트, 워드, 메신저, 동영상 편집 프로그램처럼 업무상 자주 쓰는 프로그램 아이콘들은 좌측에 일렬로 배치했다. 현재 진행 중인 프로젝트들의 폴더는 바로 접근

이 가능하도록 바탕화면 중앙에 5열 횡대, 시작 일자 순으로 배치했다. 완전히 마무리된 프로젝트들은 별도의 연도별 폴더를 만들어 최종 보고 순서대로 정리해 차곡차곡 쌓아두었다. 바탕화면 이미지는 애정하는 캐릭터인 〈스타워즈〉 '다스 베이더'의 고화질 두상 이미지. 만약 도나 도슨이 내 컴퓨터 바탕화면을 보았다면 아마 '업무에 중독된 정리광 오타쿠' 정도로 분류하지 않았을까.

하지만 바탕화면에서는 보이지 않는 각 폴더 안으로 들어가면 얘기가 달라진다. 개개의 폴더 안은 차마 지우지 못한 잡다한 파일들로 혼돈의 도가니다. 보통 프로젝트가 마무리되면 중요 파일과 최종 보고 파일 정도만 남기고 나머지 파일들은 지울 법도 한데 나의 컴퓨터 폴더 안은 설익은 첫 아이디어 파일부터 '버전 2', '버전 3', '버전 3-1', '끄적끄적-08' 등 온갖 이름의 파일들로 가득하다.

그렇게 남아 있는 파일들의 면면을 하나하나 살펴보면 사실 그리 중요한 내용들도 아니다. 성공적인 결과를 이끌어낸 파일들보다는 그렇지 못한 파일들이 더 많다. 회의 시간에 큰 웃음을 선사했거나 광고주로부터 애매한 피드백을 받아 결국 빛을 보지 못한 파일들이다. 그럼에도 불구하고 이 파일들을 지우지 못하는 이유는 (물론 정리하기 귀찮다는 측면도 있지만) 이 파일들에 담긴 아이디어들이 나중에 어떤 형태로든 발전해 다른 프로젝트의 성공에 도움이 될지도 모른다는 구질구질한 미련 때문이다. 실패한 아이디어이지만 스스로 실패작이라고 낙인찍고 싶지 않은 것이다.

심리학 용어 중 낙인 효과, 다른 말로 스티그마 효과(*Stigma effect*)란 것이 있다. 스티그마 효과는 가축의 몸에 낙인을 찍듯이 사회적으로 옳지 못한 일을 한 개인을 나쁜 사람이라고 규정해버리면 부정적으로 낙인찍힌 당사자가 계속 더 삐뚤어진 행동을 하게 됨으로써 결국 비극적인 결과가 반복되는 현상을 말한다.** 나는 사람에게 적용되는 스티그마 효과가 아이디어에도 동일하게 작동한다고 믿는다. 한 번의 실패를 겪고 '이건 갱생 불가한 아이디어야'라고 스스로 낙인찍어버리는 순간, 그 아이디어를 다시 들춰 볼 일은 없어지게 되고 그대로 아이디어는 생을 마감하게 된다.

하지만 한 번 실패했던 아이디어라도 다른 프로젝트에 재활용할 수 없을지, 아니 새롭게 적용할 수 없을지 요모조모 쓸모를 고민하다 보면 다시 새 생명을 얻는 경우를 왕왕 경험해왔다. 구인구직 플랫폼 홍보를 위해 냈다가 탈락했던 오프라인 이벤트 아이디어가 직장인을 위한 금융 서비스 이벤트 아이디어로 부활하거나 유제품 관련 좌담회에서 발견한 소비자 인사이트가 기업 PR 캠페인 전략의 핵심 인사이트로 늦깎이 데뷔를 하는 경우처럼 말이다. (클라이언트가 알게 되면 '그게 재활용 아이디어였다고?!' 하며 분노할 수도 있기에 구체적인 내용을 적을 수 없는 사정을 이해해주기 바랍니다.)

이런 경험들이 누적되다 보니 어떤 프로젝트가 잘 안 풀릴 때 과거 프로젝트의 폴더들을 구석구석 뒤져보는 것이 하나의 비밀 작업으로 자리 잡았다. 마치 대청소를 하다가 겨울 코트 안주머니에서 숨겨진 지폐를 찾는 것과 같은 행운의 발견이 일어나기를 바라는 마음이랄까.

"나는 9,000번의 슛을 놓쳤고, 300게임을 졌다. 나는 살아오면서 계속 실패를 거듭했다. 그것이 내가 성공할 수 있었던 비결이다."••• 미국 NBA의 전설적인 선수 마이클 조던의 이야기다. 모두가 익히 알다시피 실패는 성공에 이르기 위한 필수 과정이다. 지금의 우리는 늘 과거의 실패를 딛고 한 발자국씩 나아간 결과임을 알고 있다. 그렇기에 잡다한 파일 무더기와 바탕화면 정리를 앞둔 사람에게 조심스럽게 권한다. 장렬한 실패를 맛본 아이디어들에 실패작이라고 낙인을 찍는 대신 그들이 때를 기다리며 쉴 만한 공간을 마련해보는 것은 어떠실지요. 비웃음을 받았던, 빛을 보지 못했던 설익은 아이디어들의 파라다이스를. 지나간 프로젝트 폴더들을 실패작들의 파라다이스로 만들어두면 언젠가 아이디어가 막혔을 때 요긴하게 쓸 수 있을 테니 말입니다. 물론 고용량 하드디스크가 필요하다는 부작용은 있습니다만.

- 김아연, '바탕화면을 보면 성격이 보인다', 〈동아일보〉, 2009년 9월 22일.
- •• 이동귀, 《너 이런 심리법칙 알아?》, 21세기북스, 2016.
- ••• 박병헌, '농구황제 마이클 조던을 만든 건 '실패'', 〈스카이데일리〉, 2021년 3월 18일.

'단단함'이라는 함정

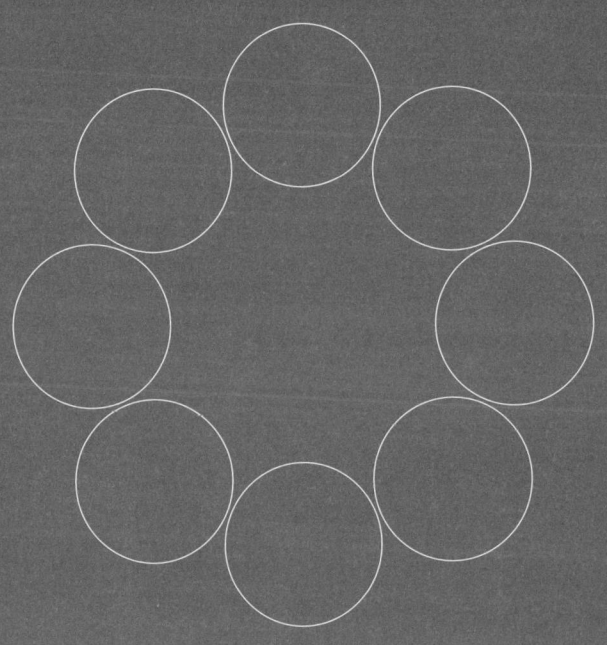

아폴로 신드롬

아폴로 신드롬(Apollo syndrome)이라는 말을 들어보셨는지. 영국 경제학자 메러디스 벨빈(Meredith Belbin)은 우수한 인재들만으로 조직된, 이른바 '아폴로 팀'을 만들고 다른 팀과 성과를 비교하는 실험을 했다. 그런데 의외의 결과가 나타났다. 다른 팀에 비해 아폴로 팀의 성과가 그다지 우수하지 않았던 것이다. 각자가 이미 우수한 능력을 지닌 아폴로 팀의 팀원들은 그 누구도 서로의 의견에 설득당하지 않으면서 다른 팀원의 주장에서 맹점을 찾아내는 등 소모적이고 쓸데없는 논쟁을 벌이다가 시간만 허비했기 때문이다. 뛰어난 인재들이 모인 집단의 성과가 오히려 낮은 현상을 아폴로 신드롬이라고 이야기하게 된 배경이다.●

이쯤에서 반성한다. 나는 잔바람에도 이리저리 흔들리는 허술한 허수아비 같은 이미지이지만 회의 시간이면 의외로 싸움닭이 되곤 한다. 회의실에서는 마치 아폴로 팀의 팀원처럼 상대방의 의견을 잘 받아들이지 못하고 어떻게든 내가 세운 전략을 지켜내려고 아등바등하는 편이다. 사실 아폴로 팀의 팀원 같은 우수한 인재도 아니면서.

가령 이런 식이다. 설명한 나의 전략에 대해 누군가 "그런데 이 부분은 좀…"이라고 회의적인 반응을 보이려 하면 닭이 볏을 바짝 세우듯 이 전략이 왜 맞는지를 어떤 논리로 방어할지부터 생각한다. 미리 생각해둔 전략과 결이 맞지 않는 아이디어를 누군가 이야기하면 그 아이디어가 왜 성립될 수 없는지 허점을 우선 찾는다. 그렇게 한바탕 투계와도 같은 회의를 마치고 자리로 돌아오면 마음 한구석이 텁텁하다. '더 여유 있게 반응할 수는 없었을까', '반박당한 의견을 다른 방식으로 재해석할 수는 없었을까?' 농도 짙은 후회의 복기가 이어진다.

변명을 하자면, 기획자가 자신의 전략을 지키려고 방어적인 태도를 취하는 건 일종의 생존 본능에 가깝다. 그 전략을 세팅하기까지 들인 시간과 정신적 자원, 몰입의 고통을 다시 반복하고 싶지 않은 것이다. 여러 프로젝트가 동시다발적으로 진행될 때, 어떤 한 프로젝트에서 또다시 전략을 세우는 과정을 반복하게 되면 다른 프로젝트 진행에 차질이 생긴다. 게다가 전략을 협업 부서에 이야기할 때쯤이면 이미 학습과 합리화를 통해 이 전략이 맞다는 확신이 최고조에 달한 상태가 된다. 마치 최면에 걸린 채 진행되는 차력쇼처럼 무언가 잘못됐다는 생각들은 모조리 튕겨져나간다.

하지만 이제 경험을 통해 안다. 내 생각만 고집해서는 만족스러운 최종 결과물이 나올 수 없다는 사실을. 그 과정은 쉽지 않을지언정 다양한 의견을 곱씹어보고, 날카로운 문제 제기를 수용해 보완하고자 노력하고, 여러 아이디어를 유연하게 더했을 때 비로소 탄탄하고 만족스러운 결과물이 나올 때가 많다. 타인의 건강한 의견은 결과물의 완성도를 높이는 가장 기름진 거름이다.

〈토이 스토리〉를 탄생시킨 픽사(Pixar)에는 브레인 트러스트(Brain trust)라는 회의 문화가 있다. 브레인 트러스트에는 작품을 제작하는 감독과 그의 팀, 그리고 피드백을 주는 팀이 모인다. 이 자리에서 참석자들은 현재까지 진행된 작품 상황을 보고 그에 대한 자유로운 피드백을 나눈다. 이때 피드백을 받아들일지 여부는 전적으로 감독의 판단에 달렸다. 참석자들은 자유롭게 자신의 의견을 이야기하고 감독은 그동안 생각지 못했던 새로운 관점을 찾는 데 집중한다.●● 브레인 트러스트는 날 선 피드백과 적극적인 방어로 점철된 회의가 아니라 최고의 결과물을 위해 다양한 생각을 공유하고 그 안에서 발전을 위한 단초를 찾아내는 건강한 회의 문화다.

1,000만 관객을 돌파한 영화 〈파묘〉의 장재현 감독은 한

인터뷰에서 임팩트 있는 영화 제목의 탄생 배경에 대해 밝힌 적이 있다.

"제가 메모에다가는 '한국의 미이라' 뭐 이렇게 적었던 것 같아요. 저는 '파묘'라는 단어가 좀 어렵다고 생각했어요. 그런데 시나리오를 쓸 때 친구들과 얘기해보니까 의외로 친구들이 '파묘'가 더 직관적이고 임팩트도 있다고 하는 거예요."•••

외부 시선으로 볼 땐 '한국의 미이라'라는 가칭이 당연히 어색하게 느껴진다. 하지만 창작의 몰입도가 최고조로 올라간 감독 입장에서는 영화의 얼굴이라 할 수 있는 제목을 타인의 의견을 듣고 바꿔버리기가 쉽지 않았으리라 예상된다. 결과적으로 장재현 감독은 타인의 의견을 유연하게 받아들일 줄 아는 사람이었고, 그가 내린 판단은 대중에게 사랑받는 결과물을 만들어낸 중요한 변곡점으로 작용했다.

예전엔 생각의 단단함을 가지고 싶었다. 누구도 범접할 수 없는 깊이와 쓰러뜨릴 수 없는 논리적 탄탄함 같은 것들이 기획자가 지향해야 할 성장의 방향성이라고 생각했다. 하지만 요즘엔 그보다는 생각의 유연함이 더 탐난다. 누구의 의견도 받아들일 수 있는 여유와 기존 생각에 반하는 견해라도 선입견 없이 판단할 수 있는 해맑음, 언제라도 생각의 흐름을 바꿀 수 있는 기민함이 결국 더 강하다고 여기기 때문이다. 낯부끄러운 고백을 포함한 이 책의 원고를 꾹꾹 적어내려 가는 일 또한 어쩌면 생각의 유연함을 기르기 위한 훈련일지도 모르겠다. 인류를 달에 데려다준 아폴로 11호와 같은 위대한 결과물은 분명 단단한 한 명의 생각이 아니라 치열한 논쟁을 거친 유연한 생각들의 총합으로 만들어졌을 테니.

- • 한경닷컴 뉴스팀, '아폴로 신드롬이란, 뛰어난 인재 모인 집단일수록 성과가 낮다?', 〈한국경제〉, 2015년 3월 30일.
- •• 폴인 기자팀, '토이스토리를 탄생시킨 픽사의 네 가지 피드백 방법', 〈중앙일보〉, 2021년 1월 20일.
- ••• 이주형, "파묘", 험한 것을 '꺼내놓은' 감독의 선택', 〈SBS 뉴스〉, 2024년 2월 25일.

나의 은밀한 여가 생활

인지적 구두쇠

대외적인 나의 여가 생활, 그러니까 누군가 스몰 토크로 "퇴근하고 주로 뭐 하세요?" 내지 "주말엔 뭐 하며 보내요?"라고 물었을 때 내 대답은 주로 독서나 산책 정도다. 그게 사실이기도 하고, 누가 듣기에 모나 보이지 않으면서 귀찮은 추가 질문으로 이어지지 않을 법한 무난한 여가 생활로 독서와 산책만 한 게 없다고 판단했기에 늘 그렇게 이야기하는 편이다. 이쯤에서 은밀한 사실을 하나 고백하겠다. 실은 내가 여가 시간에 가장 애정하는 행위는 독서와 산책이 아니다. 이 둘은 2위와 3위 정도이고, 진짜 부동의 1위는 '봤던 예능 프로그램 다시 보기'다.

　'그게 뭐야!' 싶은 생각이 떠오르는 이상한 여가 생활이란 걸 안다. 이미 아는 내용을 또 보는 게 도대체 무슨 재미냐고 물을지도 모르겠다. 하지만 봤던 것을 또 보는 데는 그 나름의 독자적 재미가 있다. 회사 퇴근과 '육퇴' 후 차가운 맥주를 준비하고 이미 몇 번이나 보았던 예능 프로그램들의 리스트를 훑어본다. 그중 다시 본 지 가장 오래되어 '어떤 내용이었더라?' 하고 살짝 고개를 갸웃하게 되는 하나를 골라

다시 보기 버튼을 누른다. 곧이어 차가운 맥주와 함께 느긋하게 감상을 시작한다. 이미 아는 내용이지만 똑같은 지점에서 다시 '피식' 하고 웃음이 난다. 곧 나올 장면을 예감하며 한 박자 미리 미소 짓기도 하고, 때로는 '아, 이런 장면이 있었구나' 하고 새로운 부분을 발견하기도 한다. 무엇보다 좋은 점은 골치 아프게 머리를 쓰지 않아도 된다는 것. 프로그램 안에서 벌어지는 소소한 게임들을 보며 '누가 이길까?', '이기려면 어떻게 해야 할까?' 하고 출연자 사정에 감정이입해 머리를 쓸 필요가 없다. 중요한 장면을 놓치지 않을까 집중하지 않아도 된다. 영상을 그저 배경음악처럼 틀어놓고 다른 짓을 해도 아무 상관없다.

이런 취미를 갖게 된 데는 아무래도 직업 영향이 크다. 광고 기획자는 어찌 보면 생각이 업무인 직업이라고 할 수 있다. 하루 종일 자리에 앉아 데이터에 숨겨진 사람들의 행동 패턴을 찾고, 어떻게 하면 요즘 사람들의 행동을 바꿀 수 있을지 아이디어를 골몰하고, 광고주를 설득할 기획서 시나리오를 짜낸다. 그렇게 하루의 절반 가까이 생각이라는 노동을 하며 보내고 나면 더 이상 생각을 하고 싶지 않은 상태가 된다. 퇴근 후 집에 돌아와서만큼은 자동차 시동을 끄고 엔진을 식히듯 더 이상 뇌를 사용하고 싶지 않다는 생각이 본능적으로 든다. 그러고 보면 봤던 예능 프로그램 다시 보기는 '인지적 구두쇠(Cognitive miser)'스러운 여가 생활이라고도 할 수 있겠다.

인지적 구두쇠는 1984년 미국 프린스턴대학교 수잔 피스크(Susan Fiske) 교수와 UCLA의 셸리 테일러(Shelley Taylor) 교수가 발표한 심리학 이론으로 구두쇠가 돈을 아끼듯 최대한 간단하고 두뇌의 에너지를 적게 쓰는 방식으로 문제를 해결하는 경향을 말한다.* 생각을 깊게 하면 뇌에서 그만큼 에너지를 소모한다. 반면에 기존에 가지고 있던 생각을 바탕으로 즉각적으로 판단하고 넘어가버리면 뇌는 에너지를 덜 소모하게 되고 그만큼 머릿속이 편안해진다. 전형적인 인지적 구두쇠인 나는 어떤 문제를 판단할 때 두뇌의 에너지를 적게 쓰는 것을 넘어 여가 생활도 최대한 생각을 자제하고 뇌를 쉬게 하는 활동을 택한 셈이다.

인지적 구두쇠의 이 은밀한 여가 생활은 일과 휴식의 균형을 맞춰주는 꽤 효율적인 체계라고 생각한다. 하지만 또 다른 한편으로는 '늘 이래도 되나' 하는 불안감이 함께한다. '구두쇠가 돈을 아끼듯 생각을 아끼기만 한다면 생각의 근육이 자라날 리 없다.' '창의성의 불꽃이 튀어 오르려면 생각의 연료가 필요한데 매번 똑같은 콘텐츠만 봐서는 연료 창고가 쌓일 리 없다.' 평온하게 예능을 보며 휴식하는 뇌를 이런 생각들이 툭툭 건드린다. 일견 현실적이고 납득 가능한 이야기이지만 적어도 나는 쉬지 않고 생각의 근육을 키우며 치열하게 사는 일이 가능한 인간은 아니다. 이내 그런 생각들을 향해 쭈글쭈글하게 항변을 해본다. '아니… 그럼 그게 쉬는 게 아니잖아!'

아내 S를 비롯해 많은 현대인이 '쉼'을 불안해한다. 아무것도 하지 않고 쉰다는 건 일종의 공백을 만드는 행위다. 이런 관점에서 보면 쉬는 행위에도 무언가 발전적인 요소가 있어야 한다고 여기게 된다. 내가 공백으로 채우는 그 시간 동안 다른 사람들은 열심히 자기 계발을 하고 있기 때문이다. 하지만 엔진이 과열되면 출력이 떨어지고 타는 냄새까지 난다. 즉, 정상적인 주행 성능이 발휘되지 않는다. 쉴 때 잘 쉬는 것은 그 자체로 좋은 성능을 유지하기 위한 준비다. 예리하게 성능을 유지해야 날카롭게 인사이트를 잡아채고, 고된 아이데이션(Ideation, 아이디어 생산을 위한 활동)에도 지치지 않는다. 이런 소신으로 나는 이 은밀한 여가 시간만큼은 완벽하게 생각 노동을 멈추기로 했다. 물론 녹이 슬 때까지 멈춰 있으면 곤란하지만.

- pmg 지식엔진연구소, 《시사상식사전》, 박문각.

비공인 타임머신

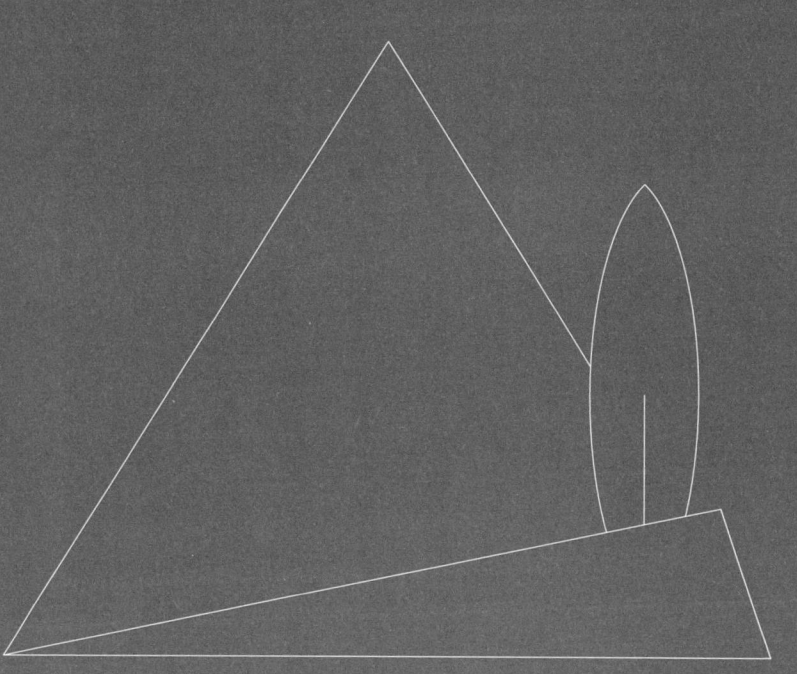

피터팬 증후군

생각해보니 자라오면서 거의 대부분의 시간 동안 미래를 동경하며 살아온 것 같다. 아무것도 모르는 어린아이였을 때는 누나처럼 학교에 가고 싶었고, 학교에 입학한 후엔 고학년 형들처럼 운동장을 장악하고 싶었다. 고등학생 때는 자유로운 대학 생활이 너무 부러웠고, 대학생이 돼서는 직장인이 돼 하루빨리 그 시절의 궁핍함에서 벗어나고 싶었다.

그렇게 원하던 직장인이 되고 결혼도 하고 아이도 있는 지금은 어떤가? 호쾌하게 미래로 전진하기를 갈망했던 과거와 달리 이제는 멈춰 서서 주춤거리고 있는 듯싶다. 어느덧 장거리 레이스의 반환점에 도달한 것일까? 미래가 지금보다 더 나으리라는 확신이 점점 무뎌져가는 게 느껴진다.

'10년 후에 나는 무얼 하고 있을까?'
'그 시기에 내가 몸담고 있는 업계는 어떻게 변해 있을까?'
'아이가 자라 스스로 세상을 살아갈 때까지 내가 잘 지원해줄 수 있을까?'

가만히 앉아 있어도 창문 틈으로 찬바람이 새어 들어온 듯이 으스스해질 때가 있다. 쭉쭉 앞으로만 나아가길 원해 왔지만 지금은 마이클 잭슨처럼 문워크를 추며 옛 시절로 되돌아가고만 싶다. 그럴 땐 예능 프로그램에서 흔히 쓰이는 테이프 되감는 사운드 효과에 맞춰 걱정 없었던 과거로 돌아가는 상상을 하기도 한다.

하지만 범우주적 능력을 지닌 과학자가 등장하거나 기술 대격변이 일어나지 않는 이상 물리적으로 과거로 돌아가기란 불가능해 보인다. 물론 엘리트 집단이나 과학자들만 알고 있는 비밀 실험실에 타임머신 비슷한 기계가 존재할지도 모를 일이다. 그렇다 해도 나 같은 평범한 인간이 과거로 회귀하는 일은 이번 생엔 글렀지 싶다.

다만 심리적 과거 회귀라면 얼추 가능하다. 지난 시절을 함께 해온 콘텐츠의 힘을 통해서다. 어릴 적 내 가슴을 뛰게 했던 음악을 다시 듣거나 밤새워 탐독했던 만화책을 다시 읽으면 아주 잠시뿐이지만 그때로 돌아갈 수 있다. 선생님 몰래 워크맨으로 듣던 그 시절의 음악을 다시 들으면 야간 자율학습을 하던 쿰쿰한 교실의 기억이 떠오른다. 재개봉 또는 리마스터링이라는 이름으로 극장에 다시 걸리는 예전 영화들을 볼 때도 마찬가지다. '아, 이 영화 한창 인기일 때

인턴 중이었지' 하며 지난 때의 어느 하루가 또렷이 떠오른다. 이 때문에 내 플레이 리스트 목록에는 항상 레이지 어게인스트 더 머신(Rage Against The Machine), 림프 비즈킷(Limp Bizkit) 같은 철 지난 90년대 록 밴드들의 메들리가 담겨 있고, 책장 한편에는 《슬램덩크》나 《20세기 소년》 같은 오래된 만화책들이 꽂혀 있다. 가끔씩 지금이 벅차고 내일이 두려울 때면 언제든 손을 뻗을 수 있도록. 아내는 호시탐탐 당근 마켓 매물로 내놓으려 하지만, 나에게는 가끔씩 절실해지는 과거 회귀의 도구이므로 굳건하게 그것들을 지키며 그 자리를 내어주고 있다.

피터팬 증후군(Peter Pan syndrome)이라는 심리학 용어가 있다. 성인이 됐음에도 현실의 어려움에서 도피하기 위해 자신이 어른임을 인정하지 않은 채 어린아이처럼 타인에게 의존하고 싶어 하는 심리를 말한다.* 예전에 피터팬 증후군이란 용어와 그 뜻을 처음 들었을 때는 젊은 척하는 중년의 발악처럼 느껴졌다. 자녀가 중고등학생인데 여전히 피규어를 사 모은다거나 애들이나 볼 법한 애니메이션에 열광하는 중년들을 보면 속으로 '아휴, 왜 저러신담' 하며 고개를 절레절레 흔들었다. 그랬던 내가 지금은 그들이 이해도 되고 조금 안쓰럽기도 하다. 심지어 나 역시 그때의 그들과 비숫하게 행동하고 있다. 어렸을 때 좋아했던 만화책 캐릭터의 피규어를 보면 괜히 집어 들고 싶고, 넷플릭스에서 개봉한 지 10년은 더 된 옛날 영화를 검색한다. 역시 뭐든지 그 입장에 되고 나서야 진심으로 이해되는 법이다.

끊임없이 지금보다 더 나이 먹기를 바라는 사람은 없을 것이다. 결국 우리는 누구나 더 이상 자라지 않는 피터팬을 꿈꾸는 순간을 맞이한다. 하지만 언제까지 멈춰 서 있을 수만은 없다. 자신이 이제는 어른임을 인정하지 않고 성장을 멈춘 채 머물러 있는다면 여러모로 곤란한 상황이 펼쳐진다. 우선 밥벌이에 문제가 생길 테고, 그러면 함께 살아가는 가족들도 곤란해질 것이다. 이런 사정 때문에 우리는 늘 '나잇값을 해야 한다'라거나 '어른스럽게 굴어야 한다'라며 자기 검열을 한다. 선뜻 발이 떨어지지 않는데도 꾸역꾸역 앞으로 나아가려 애쓴다.

이런 어른들의 숨통을 가끔씩 틔워주는 게 바로 콘텐츠의 힘이 아닐까. 시간이 지나도 잊히지 않는 매력적인 콘텐츠는 엄격하게 자기 검열을 하며 살아가는 어른들을 잠시나마 피터팬이 되게 만들어주는 힘을 지녔다. 오래도록 피터팬 증후군에 빠져 있다면 현실적인 문제가 클 테지만, 아주 잠시만이라면 괜찮지 않을까?

잠이 오지 않는 겨울밤, 서재 바닥에 배를 깔고 엎드린 채 20년도 더 된 만화책 《슬램덩크》의 가장 좋아하는 에피소드를 들춰 보았다. 거울 속엔 주름 자글자글한 아저씨가 보였지만, 순식간에 마음은 20년 전 어느 겨울밤 한남동 자취방에 도달했다.

- 이동귀, 《너 이런 심리법칙 알아?》, 21세기북스, 2016.

헬스장 생태계의 법칙

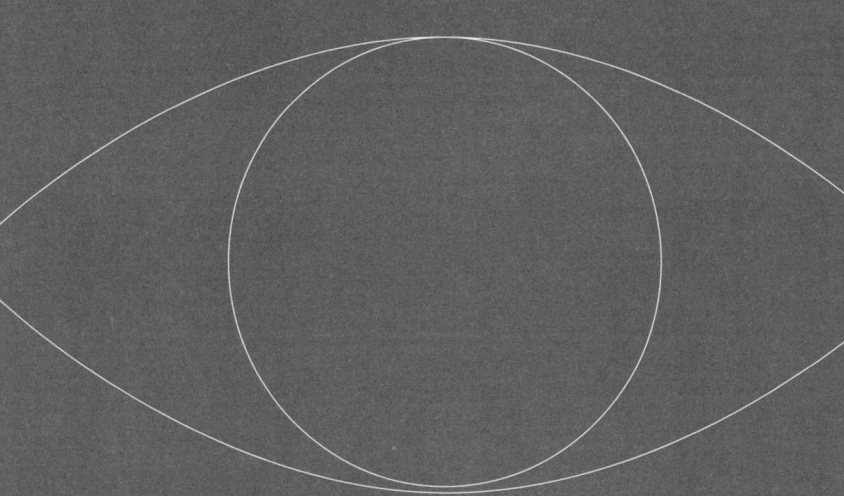

호손 효과

가는 팔다리에 배만 나온 전형적인 시샤모 몸매의 소유자이지만 5년째 꾸준히 헬스장에 다니고 있다. 처음 운동을 시작한 계기는 "이상형은 슈퍼 팔뚝에 태평양 어깨!"라고 단호하게 말하는 아내 때문이었다. 지금도 체중 유지와 생명 연장의 꿈을 위해 꾸준히 다니고 있다.

운동을 시작하고 어느 정도 시간이 지나 익숙해지자 시야가 확장되면서 헬스장이라는 특별한 생태계의 모습이 서서히 눈에 들어왔다. 여느 생태계가 그러하듯 헬스장에도 다양한 사람이 모여 만들어낸 그곳 특유의 법칙들이 존재한다.

첫 번째 법칙, 근육이 클수록 기합 소리도 크다.

헬스장 생태계 최약체인 나는 정말 숨이 넘어갈 것 같지 않은 이상 되도록이면 소리를 내지 않으려고 노력하는 편이다. 그래서 가끔씩 누군가의 우렁찬 기합 소리에 깜짝깜짝 놀라곤 한다.

"흡하!" "헛짜!" "야잇!"

동물 울음소리 같기도 한 기합 소리에 놀라 고개를 돌려 보면 어김없이 근육질의 헬스 보이들이 근력 운동을 하고 있다. 기합을 크게 넣는 것이 근육을 키우는 노하우에 포함되는지, 근육이 커야만 소리를 마음껏 낼 수 있다는 암묵적 룰이 있는지 알 수 없으나 기합과 근육 크기가 비례하는 모습은 꽤 흥미로운 현상이다.

두 번째 법칙, 러닝머신 모니터에 틀어져 있는 방송 프로그램은 꽤 높은 확률로 '먹방'이다.

러닝머신에는 대개 모니터가 달려서 걷기나 달리기를 하며 지루하지 않도록 TV를 볼 수 있다. 내가 다니는 헬스장에는 러닝머신이 스무 대 정도 있다. 모니터에 틀어져 있는 방송 프로그램 유형의 비율을 나눠보면 골프나 야구 같은 스포츠 방송이 3, 뉴스나 일반 예능 프로그램이 4, 먹방 프로그램이 3 정도다. 분명 다이어트를 위해 러닝머신을 뛰고 있을 텐데 왜 먹방 프로그램을 보는지 일견 고개를 갸웃하게 되는 수치다. 하지만 음식 먹는 장면을 보는 것만으로 대리만족을 느끼거나 상상으로라도 먹는 행위를 한다고 생각하면 '그럴 수도 있지' 하고 고개를 끄덕이게 된다. '맛있는 것을 먹기 위해 운동한다'라는 모토를 가진 나도 먹방 프로그램을 보며 '조만간 저거 꼭 먹어야지. 그러려면 오늘 500칼로리는 태워야 해' 하며 전투력 상승의 기폭제로 활용하기도 한다.

마지막 세 번째 법칙은 누군가의 시선이 느껴지면 더 열심히 운동하게 된다는 것이다.

나는 이것을 '헬스장의 호손 효과(Hawthorne effect)'라고 부른다. 호손 효과는 미국의 한 공장에서 행해진 실험에서 발견됐다. 호손 웍스(Hawthorne Works)라는 공장에서 어떻게 하면 생산성을 높일 수 있을지 알아보기 위해 직원들을 대상으로 실험을 진행했다. 원래 실험 의도는 조명 밝기에 따라 노동자들의 생산성이 어떻게 달라지는지 파악하는 것이었다. 그런데 공장 직원들은 유명한 대학의 학자들이 자신들이 일하는 모습을 지켜보고 있다는 사실을 의식해 평소보다 더 열심히 일했다.* 누군가 지켜보고 있다는 사실만으로 노동자들의 행동이 바뀌고 생산성이 높아진 것이다.

마케팅 전략 구상을 위해 종종 소비자 조사가 이루어지곤 한다. 이때 조사 현장에서도 비슷한 현상이 나타날 때가 있다. 일명 좌담회라 불리는 조사를 진행할 경우 보통 조사 대상자 대여섯 명을 한 방에 모이게 한 후 진행자가 이런저런 질문을 던지며 참석자들이 서로 이야기를 나누게 한다. 가령 "평소 A 브랜드에 대해서 어떻게 생각하셨어요?", "B 제품을 구입하시게 된 진짜 이유가 무엇인가요?" 같은 질문들이다. 브랜드나 제품에 대한 사람들의 평소 생각을 읽어내기 위한 질문들. 하지만 조사 대상자들이 평소 생각을 100퍼센트 있는 그대로 이야기하지 않을 수도 있다. 다른 조사 대상자들과 진행자가 자신을 지켜본다고 여겨서 다소 부정적이거나 속물적인 생각은 감추고 긍정적인 생각, 혹은 평소에는 생각하지 않았던 의미를 부여한 답변을 들려줄 때가 많기 때문이다.

그러므로 진짜 그들의 생각을 알고 싶다면 호손 효과를 미리 상정한 질문의 기술이 필요하다. 가령 특정 브랜드를 떠올렸을 때 드는 생각이나 느낌을 물을 때 긍정적인 연상과 부정적인 연상을 일부러 분리해 질문하는 식이다. 또는 "일반적으로 30대 남성들이 B 제품을 선호하는 걸로 나타나는데 왜 그런 것 같으세요?"처럼 본인이 아닌 타인의 경우인 것처럼 답변할 수 있도록 판을 깔아준다. 그러면 호손 효과에서 벗어나 타인에게 이야기하기 어려운 진짜 속마음을 들려줄 확률이 올라간다.

하지만 헬스장에서의 호손 효과는 쉽게 벗어나기 어렵다. 러닝머신 위를 동네 마실 나가듯 슬슬 걷고 있을 때 누군가 옆 러닝머신에서 뛰기 시작하면 나도 모르게 슬쩍 속도를 높이게 된다. 옆 사람과 비슷한 속도로 뛰고 있었다면 아무리 숨이 차도 먼저 속도를 내리고 싶지 않다. 옆 사람보다 먼저 속도를 낮추면 왠지 모를 패배감에 휩싸인다.

헬스장 벽면이 대부분 거울로 둘러싸인 것도 한몫한다. 운동은 자세가 중요하므로 늘 자세를 체크하며 가다듬으라고 그런 것일 터. 만일 운동 중인 내 주변에 아무도 없다면 아무래도 운동하는 폼이 나 편한 대로 흐트러지고 느슨해지기 마련이다. 그때 거울을 통해 누군가의 시선이 느껴진다면 다시 온몸에 기합이 바짝 들어가고 언제 그랬냐는 듯 자세를 고치게 된다. 마치 호손 웍스의 노동자들이 그랬던 것처럼.

이렇게 기묘한 헬스장 생태계에서 최근까지 풀리지 않던 미스터리가 하나 있다. 바로 '꾸준히 운동을 했음에도 불구하고 내 몸뚱이는 왜 여전히 이럴까?'라는 의문이다. 이 글을 쓰다가 문득 답이 떠올랐다. '아하, 운동에 집중하지 않고 이런 망상에 빠져 있기 때문이구나.' 이렇게 새로운 헬스장 생태계의 법칙이 추가됐다. 유레카!

- 이동귀, 《너 이런 심리법칙 알아?》, 21세기북스, 2016.

심리학과
경제학의 쓸모

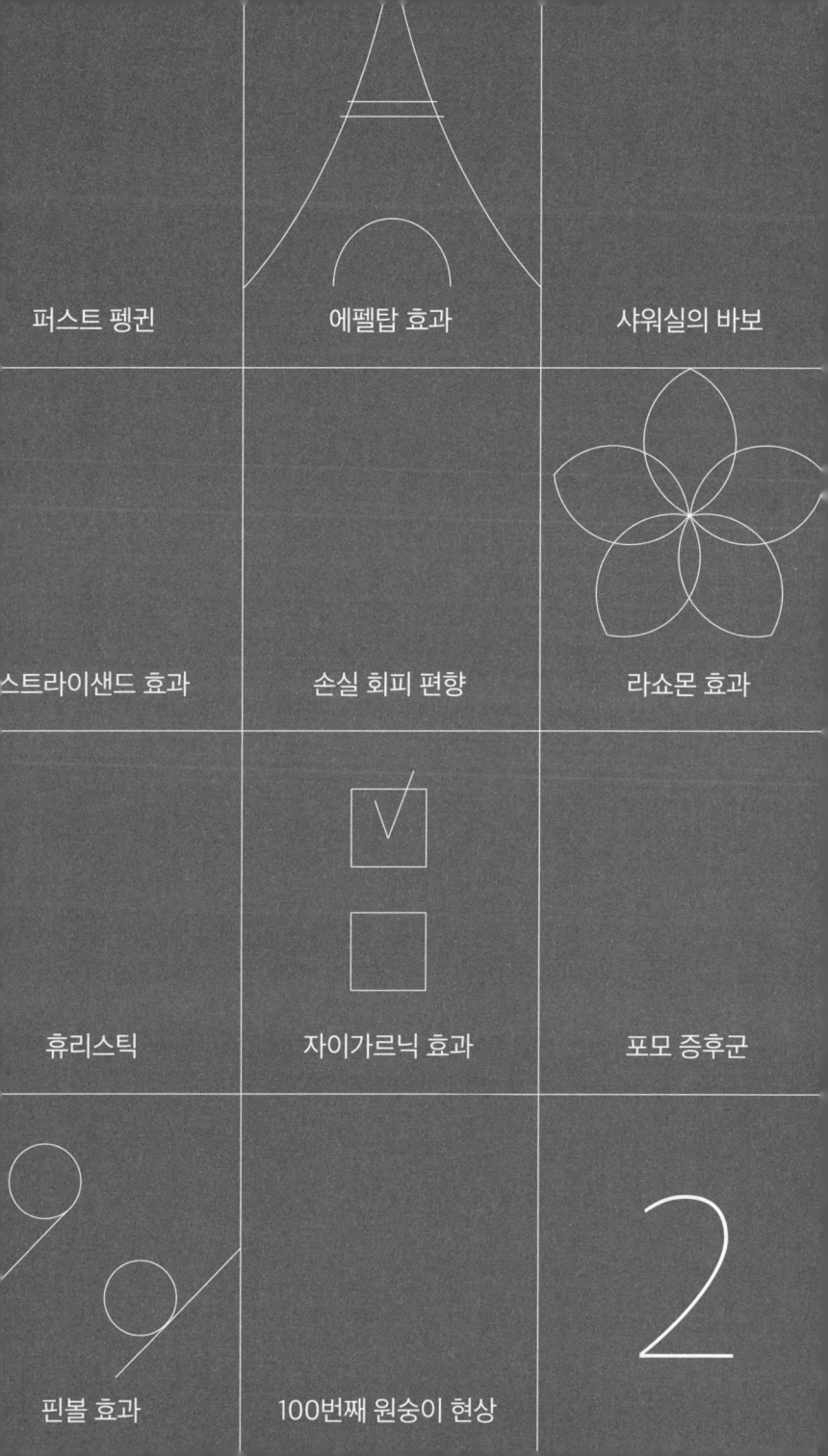

레퍼런스의 쓸모

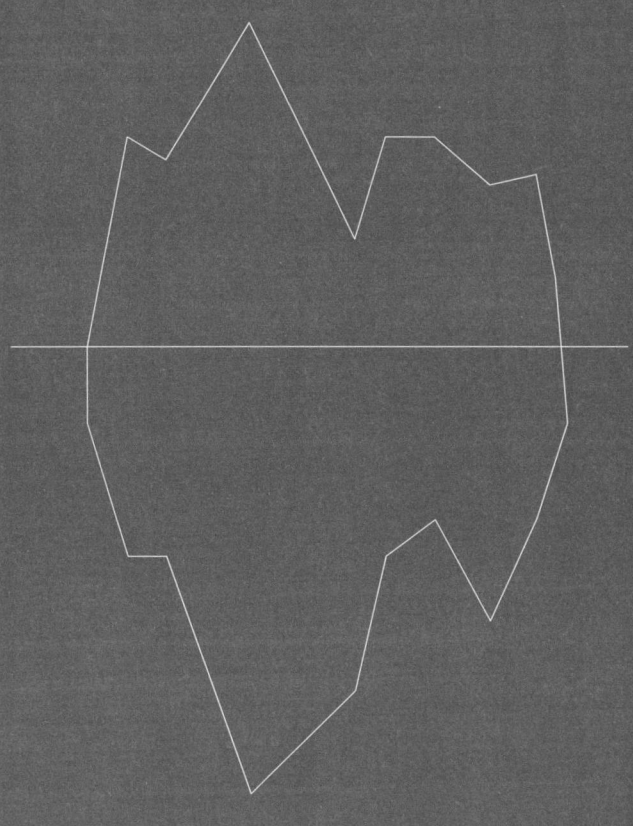

퍼스트 펭귄

여기 펭귄 한 마리가 있다. 암벽 위에 서서 가만히 바다를 바라보며 머뭇거린다. 먹잇감을 구하기 위해서는 바다에 뛰어들어야만 한다. 하지만 깊이를 가늠할 수 없는 시커먼 바닷속이 두렵다. 먹잇감이 아니라 펭귄을 노리는 포식자들이 입을 벌리고 숨어 있을지 모를 일이다. 먼발치에서 펭귄 무리들이 머뭇대는 펭귄의 모습을 숨죽이며 바라본다. 잠시 후, 마침내 펭귄이 바닷속으로 뛰어들었다. 다행이다. 포식자는 없다. 펭귄은 이제 바닷속을 유영하며 물고기를 사냥한다. 그 모습에 용기를 얻은 다른 펭귄 무리들이 우르르 바닷속으로 뛰어든다. 무리의 행동을 이끌어낸 이 용감한 펭귄을 경제학에서는 '퍼스트 펭귄(*First penguin*)'이라고 부른다.

　퍼스트 펭귄은 미국 카네기멜론대학교 교수 랜디 포시(*Randy Pausch*)에 의해 사람들에게 알려졌다. 췌장암으로 인해 삶이 얼마 남지 않았던 그는 실패할 위험을 감수하며 목표를 향해 나아가는 모습을 퍼스트 펭귄에 빗대어 이야기했다. 더불어 학생들에게 어릴 적 꿈을 용감하게 실현해나가라고 독려했다.* 이후 경제학에서는 어떤 기업이 실패를 두려워하지 않고 새로운 시장에 선제적으로 진출함으로써 다른 기업들도 뒤따라와 새로운 시장이 형성되는 과정을 설명할 때 이 용어가 종종 쓰인다.

나의 경우, 광고주가 기존에 시도해본 적 없는 새로운 방식의 마케팅을 제안할 때 이 퍼스트 펭귄 이야기를 꺼낸다. 퍼스트 펭귄이 용감하게 바다로 뛰어들었듯이 우리도 새로운 마케팅 방법론에 최초로 도전해 큰 파급효과를 이끌어내자고 운을 뗀 후 아이디어에 대해 설명한다.

새로운 시도의 성공 확률이 또렷한 수치와 객관적 근거로 증명된다면 이러한 우화 따위는 필요 없겠지만, 내가 알기로 이 세상에 수치로 증명 가능하면서도 높은 성공 확률을 가진 '도전'은 유니콘만큼이나 흔치 않다. 광고주에게 제안하는 내용의 합리성에 대해 많은 근거 자료들을 붙여 제시하지만, 그것들로 '이 도전은 무조건 성공합니다'라고 증명하지는 못한다.

결국, 제안이 실제로 성사되려면 예산을 집행하는 광고주의 용기가 필수적이다. 그리고 용기는 어설픈 숫자보다 영감과 동기부여라는 땔감을 넣었을 때 불이 더 잘 붙는다. 퍼스트 펭귄 이야기는 용기에 불을 붙이기 좋은 이야깃거리다.

언젠가부터 성공 레퍼런스라는 게 광고 회사의 업무에서 뺄 수 없는 필수가 되어버린 듯하다. 나 역시 광고주에게 새로운 아이디어를 제안할 때 그 아이디어와 비슷한 유형의 마케팅 사례들을 열심히 찾아 레퍼런스로 제시한다. '그게 말이죠, 한마디로 이런 겁니다' 하고. 레퍼런스의 유용함이야 두말할 나위 없이 훌륭하다. 무수한 설명과 논리보다 잘 찾은 레퍼런스 하나가 이야기를 쉽게 풀어나가게 해주는 경우도 많다. 우선 제안하는 마케팅 아이디어(당연히 아직 실행되지 않은 마케팅)가 사람들에게 어떤 인상을 심어줄지 간접적으로 가늠할 수 있게 해준다. 성공했을 때 어떤 파급력이 생겨날지도 미리 상상할 수 있게 해준다. 무엇보다 이러한 시도가 마냥 허무맹랑한 이야기가 아님을 증명해준다. 누군가 이미 앞서 했던 것이니까.

하지만 레퍼런스의 쓸모에 빠지면 빠질수록 새로움은 옅어진다. 당연하지 않은가. 레퍼런스가 많은 아이디어는 이미 많은 시도가 있었던 아이디어의 범주에서 벗어나지 못한다는 이야기다. 같은 하늘 아래 완전한 창조란 없다고들 하지만 '레퍼런스가 많은 새로운 아이디어'라는 말은 '수상 이력 화려한 신인 작가'처럼 들리기도 한다. 현실을 살아가는 직업인으로서 나는 오늘도 여전히 '어디 괜찮은 레퍼런스 없나' 하고 마케팅 서적과 유튜브를 뒤적거리는 신세이지만, 레퍼런스 하나 없이도 선 굵은 아이디어를 관철시켰던 선배들의 모습을 닮아가려 애쓰는 중이다.

가장 먼저 바다에 뛰어들었던 그 펭귄은 뛰어들기 전 무슨 생각을 했을까? 적어도 두려웠을 테지. 뛰어든 바로 그 지점에 바다사자가 입을 쩍 벌리고 있다 해도 그리 이상한 일이 아닐 테니까. 누군가 먼저 뛰어드는 것을 지켜보고 나서 먹이가 많고 안전하단 사실을 확인한 후에야 뒤따르는 '패스트 팔로워 펭귄'이 오히려 더 똑똑해 보이기도 한다.

성찰하자면, 선천성 '쫄보'인 나는 지금까지 대부분의 시간을 퍼스트 펭귄을 뒤따르는 팔로워 무리에 속해 있었다. 사소하게는 회사에서 아이디어를 낼 때도, 혹은 인생의 큰 선택을 할 때도 이 시도가 과연 안전한지, 비슷하게 해서 잘 된 사례가 있는지를 먼저 생각해왔다.

이미 검증된 분야에 뛰어드는 안전한 선택을 폄하하고 싶지는 않다. 이미 있었던 시도를 더 좋은 방향으로 발전시키는 일 또한 의미 있다고 본다. 하지만 미지의 영역에 가장 먼저 뛰어들었을 때 비로소 펼쳐지는 또 다른 세상이 있을 것이다. 그리고 그런 세상을 한 번이라도 경험한 사람과 그렇지 못한 사람은 분명 다른 세상을 살고 있으리라.

그러니 생애 한 번은 언제든, 어디에서든, 무엇이든 가장 먼저 뛰어들어보시길. 단 한 번이라도. 나와 팔로워 펭귄 무리들에게 전하는 중얼거림이다.

- 이한영, 《너 이런 경제법칙 알아?》, 21세기북스, 2016.

기꺼이 행동하게 만드는
메시지

에펠탑 효과

광고라는 업 안에서 기획자가 주로 다루는 영역은 이른바 '메시지'다. 물론 '고객 경험을 어떤 식으로 설계할 것인가'에 대해 고민하기도 하고, '브랜드 체계를 어떤 요소들로 쌓아 올릴 것인가' 같은 것들도 고민하지만, 아주 기본적으로는 '사람들에게 뭐라고 메시지를 던질 것인가'를 주로 고민하는 게 이 일의 중심이다. 시장 분석이나 소비자 조사와 같은 업무들도 결국엔 세상에 던질 하나의 메시지를 정립하기 위한 과정인 경우가 많다.

 그렇다면 과연 어떤 메시지가 좋은 메시지인가? 웰시 코기 다리만큼이나 짧은 식견으로 생각하기에 궁극의 메시지란 '행동을 이끌어내는 메시지'라고 생각한다. 대부분의 메시지들이 정보를 전달하거나 인식을 바꾸는 데까지는 성공한다. 메시지를 본 사람들이 '저 제품은 저런 장점을 가지고 있구나' 하고 정보를 얻어가거나 '아, 내 생각과 달리 저 브랜드가 하는 말이 맞을지도 모르겠네?' 하고 기존 인식이 달라지는 경우는 꽤 비일비재하다.

 이렇게 정보 전달과 인식 변화를 달성하면 시간이 흘러

결국엔 행동으로까지 이어지기도 한다. 하지만 그렇다고 해서 그런 메시지들을 '행동 유발 메시지'라고 명명하기엔 어딘가 좀 부족해 보인다. 메시지 발신을 통해 사람들로 하여금 단박에 '그래, 그걸 사야겠어!' 하며 매장으로 향하게 하거나 기존의 익숙했던 자신의 행동 패턴을 바꾸게 하는 등 진짜 행동을 유발하는 메시지는 흔치 않다. 지금까지와 다른 행동을 유발하기란 그만큼 쉽지 않은 일이다.

행동 유발 메시지 하면 대표적으로 떠오르는 사례가 하나 있다. 바로 '허락보다 용서가 쉽다'다. 2016년 온에어 된 플레이스테이션(PlayStation)의 국내 광고 중 '유부남' 편의 키(Key) 카피다. 담당 기획자의 정교한 분석으로 개발한 메시지인지, 카피라이터의 감각적 직관에 의해 개발된 메시지인지, 아니면 함께 영향을 주고받으며 개발했는지 알 수 없지만, 정말 정말 훌륭한 메시지라고 생각한다.

플레이스테이션 정도의 고가의 게임기에 관심도 있고 구입도 할 수 있는 소비자층은 아마도 30대 이상의 남성이 많을 것이다. 이 30대 이상 남성들 중 기혼자의 경우 고가의 게임기를 구입할 때 가장 큰 걸림돌은 가격이나 성능이 아니라 바로 아내라는 존재다. 아내의 허락이라는 어마어마하게 큰 산을 넘어야 비로소 게임기를 구입할 수 있는 상황이

유부남의 엄연한 현실인 것. 이러한 현실을 배경으로 이 광고는 아내를 설득하거나 거짓말을 해서 게임기를 어렵게 구입할 게 아니라는 새로운 메시지를 던지며 남편들의 등을 힘껏 떠밀어준다. '일단 저질러라! 그런 다음 용서를 받는 편이 더 쉽다!' 나를 포함한 많은 유부남이 이 메시지에 영감을 받아 과감하게 플레이스테이션 게임기를 구입하는 행동을 감행했으리라고 생각한다. (그로 인해 '등짝 스매싱'을 당한 분들도 많겠지만.)

이 광고 메시지는 가장 구매 가능성이 높은 타깃 고객군을 선정하고 그 사람들의 구매 행동을 가로막는 장벽을 정확하게 파악해 그것을 뛰어넘도록 하는 심리적 동인을 부여한다. 정말 절묘한 메시지다. 게다가 일을 저지르고 난 후 용서받는 편이 더 쉽다는 이야기는 '어떻게든 해결될 거야' 같은 무책임한 뉘앙스가 아니라 심리학적으로 충분히 그럴법하다. 일단 들여놓은 게임기를 자주 보게 되면 아내도 '에펠탑 효과(Eiffel Tower effect)'로 인해 호감이 생겨날 것이기 때문이다.

에펠탑 효과란 처음에는 싫어했던 대상도 자꾸 보다 보면 호감도가 증가하는 현상을 말한다. 1889년 프랑스 대혁명 10주년과 파리 만국박람회를 기념해 건립한 에펠탑은 건립 계획이 발표됐을 당시만 해도 많은 시민의 반대에 부딪혔다고 한다. 고풍스럽고 예술적인 건물들로 가득한 파리라는 도시에 딱딱하고 차가운 대형 철골 구조물이 들어서는 게 전혀 아름답지 않다고 느꼈던 것이다. 하지만 시간이 흐르면서 에펠탑은 점점 파리 시민들에게 받아들여지기 시작했고 지금은 명실상부한 파리의 상징으로 자리 잡았다. 파리에 방문하는 사람이라면 누구나 에펠탑을 보고 가길 원하지 않나.●

에펠탑 효과가 일상에서도 분명 작동한다고 확신하게 된 것은 비교적 최근이다. 플랜테리어에 심취해 있던 나는 파리지옥이라는 식충식물의 귀여움에 매료돼 아내의 반대를 무릅쓰고 집에 들이고 말았다. 박쥐란●●조차 징그럽다고 이야기하는 아내는 당연히 기겁하며 파리지옥을 당장 눈에 보이지 않는 곳으로 치워버리라며 난리였다. 다행히 "얘를 싱크대 옆에 두면 여름엔 날파리들을 잡아먹어줄 거야"라는 말로 아내를 설득해 잠시 유예 기간을 얻어내는 데까지 성공했다.

이윽고 시간이 지나니 조금씩 변화가 생겨나기 시작했다. 그렇게 파리지옥을 천대하던 아내도 자꾸 보니 정이 들었나 보다. 어느새 닫혀 있는 파리지옥의 입을 보면 "어머

어머, 얘가 뭐 잡아먹었나 봐" 하고 감탄하기도 하고, "아휴, 자기가 들여놨으면서 물도 안 준다니까" 하며 먼저 물을 챙겨주기도 한다. 지금 우리 집 파리지옥은 '앙투완'이라는 프랑스풍 애칭까지 하사받고 건강하게 잘 자라고 있다. 그야말로 허락보다 용서가 쉬우며, 일단 저지르고 시간이 흐르기를 기다리면 에펠탑 효과가 발동하는 것이다.

사람들의 직접적인 행동을 이끌어낼 만큼 강력한 메시지는 결국 행동의 전후 사정을 '빠삭하게' 이해하고 설계한 메시지다. 다시 말해, 행동 유발 메시지를 개발한다는 일은 행동을 망설이게 하는 현재의 장벽과 행동 후에 예상되는 걱정거리(가령, 아내의 격렬한 노호와 같은 것)가 무엇인지 날카롭게 파악해 그것을 넘어서게 할 심리적 농인을 골몰하고 메시지로 환치하는 작업이다.

이렇게 적고 보니 내가 궁극의 행동 유발 메시지를 뚝딱 만들어내는 비기라도 알고 있는 대단한 사람인 것 같지만, 부디 오해하지 마시길. 아직은 뻔하디뻔한 메시지 정도만 겨우 개발해내는 수준이다. (제가 자기 객관화 능력은 그래도 좋은 편입니다.) 그래도 이렇게 어렴풋하게나마 방향을 알아가고 있다는 점은 다행이다. 심리학과 경제학의 쓸모를 고민하는 지금의 글쓰기 프로젝트처럼 소비자들의 전후 사정을 이해하는 능력을 개발하다 보면 누군가 '정말 정말 훌륭한 메시지!'라고 경탄할 만한 멋진 행동 유발 메시지 하나쯤은 세상에 선보일 수 있지 않을까? 그러한 기대를 품고 오늘도 먼 훗날 전 세계 사람들에게 사랑받게 될 에펠탑을 쌓아 올리던 인부의 마음으로 공부하고 글을 쓰고 기획자의 감각을 제련한다.

- 이동귀, 《너 이런 심리법칙 알아?》, 21세기북스, 2016.
- 고사리목 고란초과의 상록 양치식물. 박쥐 날개 모양의 행잉(Hanging) 식물로 인기가 많다.

'자기다움'을 찾아가는 일

샤워실의 바보

어떤 이의 글을 읽다 보면 작가의 성정이 유추될 때가 있다. 가령 '이분 글은 뭔가 시원시원하고 거침이 없는데?'라고 생각한 작가의 프로필 사진을 보면 덥수룩한 수염에 호탕한 인상을 가진 분인 식이다. 평소 '굉장히 섬세하고 따뜻한 분일 것 같아' 하고 생각한 작가의 인터뷰 기사를 읽어보면 더없이 따뜻한 시선으로 세상을 바라보는 분이라는 걸 확인하는 경우도 왕왕 있다. 물론 '어이쿠, 이 글을 이런 분이 썼다고?' 하는 경우도 있긴 하지만 꽤나 높은 확률로 글에는 필자의 성정이 짙게 묻어난다.

 기획서도 마찬가지라고 느끼곤 한다. 기획서에도 작성한 기획자의 성정이 배어난다. 확신에 가득한 어조로 막힘없이 쭉쭉 나아가는 호쾌한 기획서의 작성자를 추적해보면 어김없이 '상남자' C의 것임을 확인한다. 빈틈없는 데이터들로 촘촘하게 엮어가며 결론에 도달하는 기획서의 작성자는 꼼꼼한 K의 것이다.

 간혹 "이거 네가 쓴 기획서지? 어쩐지…" 하는 이야기를 들을 때도 있다. 내가 쓴 기획서에도 나란 사람의 평소 스타일이 묻어난다는 뜻이다. 직접 작성한 기획서를 냉정하게 자평하자면 '무자극 에세이' 같다고 표현할 수 있겠다.

일단 쉽다. 전략 기획서는 비전문가인 청자들도 쉽게 이해할 수 있어야 한다. 그러려면 핵심적인 한두 가지 포인트에만 역점을 두는 게 효과적이라는 나름의 기준 때문이다. 덕분에 나의 기획서를 본 동료들이나 광고주 분들은 대체로 내 기획서를 두고 전하려는 이야기가 무엇인지 매끄럽게 이해된다고들 평한다. 다만 쉽기 때문에 의외성은 부족하다. 전략을 전개해나가다 보면 어느 정도 예측되는 다음 장의 이야기에서 크게 벗어나지 못하는 경우가 많다. 청자에게 강렬한 인상을 남기는 변칙적 스킬 면에선 부족한 기획서인 셈이다.

뚜렷한 빈틈은 설익은 변화를 재촉한다. 과거부터 이런 단점을 느끼고 조급하게 스타일 변화를 시도한 경험이 있다. 흔히 말하는 '베껴 쓰기'를 통해 변화를 꾀했다. 베껴 쓰기는 연차가 낮은 기획자에게 종종 추천되는 스킬 향상법으로 기획서 좀 쓴다는 선배의 기획서를 보고 그가 자주 사용하는 키워드, 논리 전개법, 비유법 등을 따라 하는 방식이다. 당시 내가 따라 해보고자 했던 기획서는 나와 극명히 다른 스타일을 가진 선배의 것이었다. 그 선배는 친절하게 이야기를 풀어가기보다 의도적으로 청자의 궁금증을 유도하고 생경한 분야의 사례를 끌어오거나 신조어를 적극 활용해 화려한 기획서를 썼다. 사실 닮고자 하는 기획서를 베껴 써보라는 조언은 말 그대로 똑같이 쓰라는 뜻은 아닐 것이다. 그 기획서 안에서 나의 스타일에 적용 가능한 부분을 발견하고 재해석해 점진적으로 적용하고 발전시켜가라는 뜻이다.

하지만 당시의 나는 조급했다. 기존의 내 스타일과 전혀 다른 스타일의 기획서를 말 그대로 베껴 강제 이식시켜버렸고, 결과물은 처참했다. 평소 잘 쓰지 않는 성격의 언어들을 기획서 전반에 걸쳐 써버리니 발표하는 내내 어색함을 감출 수 없었다. 미처 버리지 못한 기존 스타일과 베껴 쓴 스타일이 혼재되니 이도 저도 아닌 기획서가 되어버린 것. 빠르게 바꾸고 싶은 마음에 시도한 급진적 변화가 오히려 화를 불렀다. 마치 적당한 물 온도를 맞추기 위해 뜨거운 물이 나오는 손잡이를 과하게 돌리다가 손을 데어버린 '샤워실의 바보(Fool in the shower room)'와 같았다.

샤워실의 바보는 노벨경제학상을 수상한 밀턴 프리드먼(Milton Friedman)이 제시한 이론으로 시장경제에 대한 정부의 급진적인 개입을 경고하는 경제학 용어다. 샤워실에서 따뜻한 물이 빨리 나오게 하기 위해 뜨거운 물 손잡이를 강하게 돌려 뜨거운 물에 데거나 반대로 차가운 물 손잡이를 강하게 돌리다가 찬물 세례에 놀라는 경우가 있다. 샤워실의 바보 개념은 샤워실에서 벌어지는 이런 바보 같은 상황처럼 시장경제가 서서히 자정되기를 기다리지 못하고 정부가 급진적인 경기 조절 정책을 펼쳤을 때 예상치 못한 경기 불안을 불러일으킬 수 있다고 경고한다.●

누구도 의심하지 않을 마스터급의 실력에 오르기 전까진 모두가 끊임없이 성장을 요구받는다. 그것은 어쩌면 자기 분야에 애정을 품은 모든 이의 숙명일지도 모르겠다. 이때 성장의 속도나 강도만큼 중요한 것은 '자기다움을 찾아가고 있는가'라고 생각한다. 자기다움을 잃어버린 혁신은 제대로 내재화될 리 없다. 자기다움 없는 스킬은 일시적이다. 성장 과정에서 나와 극명히 다른 누군가를 따라 해보려 노력할 순 있다. 하지만 그것 또한 적절한 온도를 찾기 위한 과정일 뿐이다.

프랑스 자연과학자 뷔퐁(Buffon)은 일찍이 '문체는 곧 그 사람이다'라는 말을 남겼다. (이 선언의 본래 의도에 대한 해석은 조금씩 다르지만 잠시 차치하고) 어디서나 읽을 수 있는 흔한 글보다는 그 작가만의 개성, 의지, 사상이 담긴 글이 세상과 더 강하게 공명할 것이다. 업무를 위한 도구일 뿐이지만 기획서도 마찬가지다. 과욕일지도 모르겠지만 나의 기획서 안에 나라는 사람만의 개성, 의지, 사상이 담기기를 바란다. 그랬을 때 청자에게 더 설득적이고 강렬한 영감을 줄 수 있다고 믿기 때문이다. 성장 과정 속 냉탕과 온탕을 오가며 좌충우돌 중인 모든 이들이 어서 적절한 온도에 이르기를, 자기만의 오리지널리티를 찾기를 응원한다.

- 이한영, 《너 이런 경제법칙 알아?》, 21세기북스, 2016.

무턱대고 덮어두면
패가망신 못 면한다

스트라이샌드 효과

나라는 인간의 성격 유형을 규정한다면 '돌이킬 수 없는 내향성'이라고 할 수 있겠다. 이런 나를 두고 다른 사람들은 아마 '조용하다', '말수가 적다' 등의 문장으로 표현할 텐데, 그런 세간의 평가를 딱히 부정할 생각도 없다. 적어도 서른 살을 맞이한 이후부터는 내 성격에 큰 불만을 가진 적이 없었다. 어차피 인류의 절반은 내향적 성격을 가졌으리라고 맘 편히 생각하는 편이다.

　다만 아쉬운 점은 현대사회가 외향성을 적극적으로 권장한다는 점이다. 대다수 조직이 영업 사원 같은 외향성을 중요한 덕목으로 보는 경우가 많은데, 특히나 내가 속해 있는 광고 회사도 그런 경향이 있다. 아마도 광고업계 일이 결국 사람의 욕망을 이해해야 하고, 업무의 대부분도 사람과 사람 사이의 커뮤니케이션으로 이루어지기 때문일 것이다. 돌이킬 수 없는 내향성 인간인 나조차도 광고업계의 외향성 무리에 섞여 우당탕퉁탕 몇 년을 보내고 나니 업무와 관련된 커뮤니케이션은 큰 부담을 느끼지 않고 비교적 수월하게 해낼 정도로 단련됐다.

그럼에도 불구하고 아직 익숙해지지 않는 것이 있는데 바로 업무 외적인 상황이다. 팀 동료와 단둘이 탄 엘리베이터, 광고주를 만나러 사람들과 함께 이동하는 차 안, 간간이 생기는 회식처럼 인간적 친밀감을 내포한 사적 대화가 필요한 자리에서는 내향적 성격을 감추기 어렵다.

신입 사원 시절, "이런 자리에서 분위기 띄우는 것도 신입이 갖춰야 할 덕목이야" 따위의 이야기를 들은 이후 그런 종류의 자리는 언제나 고역이었다. 내향적인 성격이 드러날 때, "저 친구는 왜 저리 말이 없어?"라는 말을 들을 때마다 사회인으로서 낙제점을 받는 것만 같았다. 내향적인 성격을 감추기 위해 나름대로 노력하기도 했다. 잘 보지도 않는 인기 드라마를 소재로 한 연예 기사 헤드라인을 기억해두었다가 "어제 그 드라마 보셨어요?" 하며 화젯거리를 던지거나 누가 묻지도 않은 내 실수담을 주저리주저리 늘어놓아 억지웃음을 유발하는 식이었다.

원치 않은 말들을 과하게 내뱉은 날엔 체질에 맞지 않는 음식을 과식한 듯 속이 거북했다. 내 성격과 다른 사람처럼 연기했던 날은 감정 연기를 막 끝낸 배우처럼 지쳐버리기 일쑤였다. 게다가 이런 노력 덕분에 사람들이 나를 '사회적으로 바람직한 외향성 인간'으로 봐주었는가 하면 그것도 아니었다. 그저 실없는 이야기를 하는 사람, 쓸데없는 말을 하는 사람, 뭔가 어색한 사람으로 비춰졌을 뿐이다.

미국 배우 바브라 스트라이샌드(Barbra Streisand)는 한 웹 사이트에 게시된 항공 사진에 자신의 저택이 찍혀 사생활을 침해당했다며 사진작가를 상대로 거액의 소송을 제기했다. 그녀로서는 저택의 존재가 사람들에게 알려져 자신의 사생활이 노출되는 상황이 염려스러웠을 것이다. 하지만 그녀의 노력은 오히려 역효과를 불러일으켰다. 이 소송이 뉴스에 보도되자 스트라이샌드의 저택에 대한 사람들의 관심이 되레 집중돼 웹 사이트 방문자 수가 폭발적으로 증가해버렸다. 그리고 숨기려 했던 스트라이샌드의 저택 사진은 일파만파 유포됐다. 이처럼 온라인상에서 자신에게 불리한 사실을 숨기려고 하다가 오히려 원치 않는 관심을 끌게 되어 역효과를 일으키는 것을 스트라이샌드 효과(Streisand effect)라고 말한다.*

스트라이샌드 효과는 담당 브랜드의 부정적 이슈를 마주한 기획자에게도 영감을 준다. 많은 브랜드가 종종 예기치 못한 부정적 이슈를 겪는다. 제품 불량 문제가 제기되기도 하고, 광고 메시지가 오해를 받아 비난 여론이 들끓기도 한다. 이럴 때 바브라 스트라이샌드처럼 부정적 이슈를 감추려는 시도가 성공한 경우는 경험상 거의 보지 못했다. 오히려 사람들의 반감만 커지고 이슈가 눈덩이처럼 불어날 뿐이다. 브랜드에 부정적 이슈가 생겼을 때는 실수를 솔직하게 이야기하고 재발 방지를 명확하게 약속하는 것이 최선이다. 그 과정에서 진정성이 전달되거나 위트가 발휘되면 오히려 소비자들에게 긍정적인 인상을 심어주어 국면을 전환할 수 있다.

2023년 노스페이스(*The North Face*)는 SNS상에서 부정적 이슈를 마주했다. 틱톡의 한 계정에 올라간 영상 때문이다. 노스페이스 레인 재킷을 입은 영상 속 여성은 비에 홀딱 젖어 산을 오르며 "며칠 전 노스페이스의 이 레인 재킷을 샀고, 분명 방수가 된다고 적혀 있었다"라고 토로한다. 이어서 "이 레인 재킷이 방수가 제대로 되도록 디자인해주길 원한다. 그리고 내가 기다리고 있을 뉴질랜드의 후커 밸리 호수 꼭대기로 빠르게 배송해주길 원한다"라고 덧붙인다.

이 영상은 높은 조회수를 기록하며 틱톡 내에서 빠르게 바이럴 되기 시작했다. 이 영상이 화제를 모으자 노스페이스는 헬리콥터를 타고 그녀가 말한 뉴질랜드 후커 밸리 호수 꼭대기로 날아가 그녀에게 새 레인 재킷을 전달했다. 새 레인 재킷을 받은 여성이 "고마워요. 노스페이스"라고 말하는 영상을 올리며 사건은 훈훈하게 마무리된다.**

솔직하게 문제를 인정하고 자신들이 할 수 있는 최선의 방식으로 빠르게 응답한 대응이 많은 사람에게 긍정적 인상을 남긴 사례다. 만약 노스페이스가 부정적 이슈를 숨기기 위해 해당 영상을 내리고자 협상을 시도했거나 자사의 레인재킷은 방수 성능에 문제가 없다는 내용의 반박 영상을 올렸다면 어땠을까? 그 결과는 생각만 해도 끔찍하다.

내향적 성격을 숨기려 했던 지난날의 내 시도들도 마찬가지였다고 생각한다. 억지로 내 성향을 숨기려던 시도가 오히려 나라는 인간의 부족한 사회성을 더 부각하는 결과만 이끌어냈다. 수많은 시행착오 끝에 내가 내린 결론은 남에게 피해를 주지 않는 선에서 내 성격대로 사는 것이다. 아울러 이런 성격을 숨기거나 덮으려 하지 않고 있는 그대로 내보이는 것이다. 어울리지 않는 옷을 억지로 입으면 더 튀어 보일 뿐이다. 어설프게 무언가를 숨기려는 시도는 스트라이샌드의 저택처럼 원치 않는 주목으로 이어진다.

이제 나는 외향성 인간처럼 말하려고 하지 않는다. 대신 잘 들으려고 노력한다. 집중해서 상대의 이야기를 듣고 유려하진 않지만 사려 깊은 말을 건네려고 노력한다. 잘 들어주고 공감해주는 이의 마음은 길게 말하지 않아도 전해지는 법. "제가 원래 말을 잘 못해서요." 대단할 것도 없는 사실을 솔직하게 이야기하는 요즘이다. 올바른 리듬을 되찾은 음악처럼 일상이 한결 편안하게 흘러간다.

- 이한영, 《너 이런 경제법칙 알아?》, 21세기북스, 2016.
- 김수경, '"방수 재킷인데 쫄딱 젖었어요!"… 노스페이스, 고객의 악평을 성공 마케팅으로 뒤집다', 〈브랜드브리프〉, 2023년 12월 5일.

손실은 이익보다 또렷하다

손실 회피 편향

조금은 느긋한 관점에서 좋은 브랜드 이미지를 차근차근 쌓아가고자 하는 광고주도 있지만 제품 판매 촉진처럼 당장 즉각적인 행동을 이끌어내길 원하는 광고주가 사실 더 많다. 그런 광고주 분들을 만날 때면 나는 종종 이렇게 제안한다. 제품을 갖게 됐을 때 얻는 좋은 점보다 그 제품이 없을 때 발생할지도 모를 문제를 이야기하는 쪽이 훨씬 더 효과적일 수 있다고. 이렇게 자신 있게 제안하는 이유는 사람들이 기본적으로 '손실 회피 편향(Loss aversion bias)' 심리를 가졌기 때문이다.

　손실 회피 편향이란 얻은 것의 가치보다 잃어버린 것의 가치를 크게 평가하는 심리를 말한다.• 예컨대 우연히 길에서 만 원을 주웠을 때의 기쁨보다 갑자기 가지고 있던 만 원을 잃어버렸을 때의 괴로움이 더 크다는 것이다. 손실 회피 편향은 심리학자이자 행동경제학자인 아모스 트버스키(*Amos Tversky*)와 대니얼 카너먼(*Daniel Kahneman*)이 주창한 이론이다. (이 글을 쓰고 있는 2024년 대니얼 카너먼 교수님이 별세하셨다는 소식을 접했습니다. 고인의 명복을 빕니다.)

어떤 제품을 가졌을 때 얻는 이익은 (제품마다 차이가 있겠지만) 사실 대체로 좋지만 모호한 경우가 많다. 광고에서는 이런 이익이 다음과 같은 식으로 나타난다. 가령 어떤 브랜드의 옷을 입어 자신감이 생긴다. 차가 생겨 즐거운 주말이 가능해진다. 좋은 섬유 유연제를 써서 상대방에게 더 매력적으로 어필한다.

반면 어떤 제품이 없어서 발생하는 손실은 보다 실질적이고 또렷한 모양을 띤다. 이를테면 중요한 면접에서 평가자에게 나쁜 인상을 남긴다. 가족과 함께 하는 주말의 이동 반경이 좁게 제한된다. 좋아하는 이성과 거리가 가까워졌을 때 땀 냄새를 풍기게 된다. 이런 이유로 즉각적으로 해당 제품의 필요성을 강하게 느끼게 만들어 구입을 촉진하고 싶어 하는 광고주라면 제품이 없을 때 생겨나는 문제를 강하게 이야기해 행동을 이끌어내자는 전략에 고개를 끄덕여주는 경우가 많다.

손실 회피 편향은 인생의 중요한 결정 중 하나인 아이를 갖는 문제에도 꽤 영향을 미친다고 생각한다. 한때 딩크족을 꿈꾸었던 나는 아이를 갖는 문제에 대해 손실 회피 편향적으로 판단할 수밖에 없었다. 아이가 태어나면 분명 긍정적인 변화도 많겠지만 그것이 무엇인지 겪기 전까지 구체적인 장면이 잘 떠오르지 않았다. 반면 아이를 낳았을 때 생겨나는 문제점은 겪어보지 않아도 너무나 또렷하게 그려졌다. 우선 일에 집중할 시간이 줄어들 것이다. 나를 위해 투자하는 시간과 비용도 줄어들 것이다. 아내와 서로에 대해 궁금해하고 묻는 시간도 줄어들 것이다. 아기를 위해 새롭게 공부해야 할 것도 많을 것이다. 한 생명이 스스로 살아갈 수 있을 만큼 성장할 때까지 양육하기란 지금까지 겪어온 어떤 일의 무게보다 무거울 것이다.

반면 아이가 태어난 후 찾아온 긍정적 변화를 좀 더 구체적으로 머릿속에 넣기 위해 이미 자녀가 있는 선배들에게 물어보아도 한결같이 두리뭉실한 대답만 돌아올 뿐이었다. "새로운 우주가 탄생하는 것 같아." "지금까지와는 완전히 다른 삶이 시작되는 거야." "그 행복은 말로 표현할 수가 없어." 이런 모호한 대답들이 더해져 '역시 아이의 탄생이라는 영역에서도 손실 회피 편향 이론이 맞아떨어지는 걸까?' 하고 생각할 수밖에 없었다.

시간이 흘러 이제는 상상 속에서만 존재했던 아이와 함께하는 삶을 경험 중이다. 이 삶을 직접 경험해보고 나서야 아이 덕에 아빠인 내가 얻는 이익(이익이라는 표현 자체가 이상하지만)이 실로 다채롭고 거대함을 깨달았다. 다음은 그중 몇 가지 긍정적 변화를 기록해본 내용이다.

첫째, 멀티태스커가 된다. 아기가 태어나기 전 나는 입버릇처럼 "난 멀티태스킹이 잘 안 돼"라고 말해왔다. 실제로도 하나의 일에 집중하면 그 일이 마무리될 때까지 다른 일에는 잘 신경 쓰지 못하는 타입이었다. 그런 이유로 하나의 일에만 집중해서 빠르게 정리하고 다음 일로 넘어가는 방식을 늘 선호했다.

하지만 아빠가 되고 나서부터 한 가지 일만 붙잡고 늘어지는 것은 사치가 됐다. 아기는 언제나 지켜봐줘야 하며, 언제 어떤 이유로 울음을 터뜨릴지 예측할 수 없는 미스터리한 존재다. 덕분에 아기가 태어난 후부터 자연스럽게 멀티태스킹 능력이 좋아지고 있다. 밤새 칭얼거리는 아기를 안고 자장가를 흥얼거리며 글감을 공상한다. 집에서 일할 때면 눈과 손을 분주히 움직이며 분유 물의 양을 맞추는 동시에 귀와 입으로는 업무 관련 통화를 하기도 한다. 이전에는 글을 쓰거나 아이디어를 정리할 때면 영감이 떠오를 때까지 느긋하게 기다렸지만 이제는 그렇지 않다. 아기가 잠시 잠들면 그 짧은 시간이 얼마나 소중한지 알기에 집중력을 발휘해 빠르게 일을 처리한다. 그러다가 아기가 깨어나면 다시 육아 집중 모드로 전환한다. 이런 모드 전환이 하루에도 몇 번씩 이루어진다. 향상된 멀티태스킹 능력은 앞으로 업무를 하거나 새로운 일들을 벌일 때 분명 도움이 되리라고 생각한다.

둘째, 부끄러움이 없어진다. 아기가 태어나기 전까지 몇십 년 동안 나는 심각한 부끄럼쟁이로 살아왔다. 사람들이 갑자기 나를 주목할라치면 귀는 빨개지고 입술은 고장 난 듯 더듬거렸다. 어떤 모임이든 장기자랑 시간은 가장 큰 고난이었고, 노래방 회식 같은 자리는 갖은 핑계를 대며 피하는 편이었다.

하지만 아기가 태어난 후 그런 부끄러움이 점차 무뎌져 감을 느낀다. 아기는 신나게 노래를 불러주고 과장된 몸짓으로 춤추고 안면 근육을 최대한 이용해 감정 표현을 해주어야 비로소 방긋 웃기 때문이다. 남들 앞에서는 절대 노래하지 않았지만 이제는 하루에도 수십 번씩 〈멋쟁이 토마토〉를 부른다. 감정 표현에 소극적인 사람이었지만 아기 앞에서는 연극배우라도 된 것처럼 호탕하게 웃고 우는 시늉을 하며 동화를 들려준다. 훈련해도 바뀌지 않던 나의 소극적 감정 표현은 아기를 만나고 조금씩 조금씩 변화해가고 있다.

셋째, 일상의 고민이 한없이 작아진다. 누구나 하루에도 몇 번씩 크고 작은 어려움에 부딪힌다. 업무적 어려움으로 고민하기도 하고 누군가의 날카로운 말에 상처 입기도 한다. 하루 종일 일하며 엉망이 된 몸과 마음을 이끌고 집으로 향하는 길엔 그날 있었던 일들이 파노라마처럼 재생되며 바보 같았던 순간에 대한 후회와 내일에 대한 걱정으로 점점 더 부정적인 감정의 심연에 빠져들기 십상이다.

하지만 이제 현관문을 열고 집에 들어서면 아내와 아기가 있다. 방긋 웃는 아기를 안아 들고 가만히 숨소리를 듣다 보면 나를 옭아맸던 부정적 감정들은 점점 희미해진다. '뭐, 아무렴 어때. 우리 아가만 건강하면 됐지.' 이윽고 마치 다른 차원의 공간에 붕 떠 있는 듯 포근한 안정감과 따뜻함만이 나를 감싼다. 아기라는 새로운 우주를 목격한 후, 일에 지배받았던 하루의 중력이 바뀐 것이다. 잠투정 부리는 아기를 안고 깜깜한 우주와 같은 밤을 유영하다 보면 대낮의 멍청한 실수와 내일 있을 클라이언트 미팅 걱정은 몇 억 광년 떨어진 별빛처럼 점점 옅어진다.

물론 아이와 함께하는 삶에는 여러 자잘한 문제점들이 존재하긴 한다. 원하는 만큼 잠을 자던 주말이 사라졌고, 퇴근 후 아내와의 맥주 한잔도 요원하다. 게임이나 좋아하는 일을 할 시간도 줄어들었다. 하지만 아이가 태어나면서 얻은 긍정적 변화에 비하면 지극히 사소한 문제로 느껴진다.

아이의 탄생으로 내가 얻게 된 이익과 손실 중 어느 것이 더 크게 느껴지냐고 누군가 묻는다면 이제는 당연히 이익 쪽 손을 번쩍 들어주고 싶다. 손실 회피 편향적 사고가 지배하지 못하는 영역이 세상엔 존재하는 것이다. 만약 시공간을 초월해 아모스 트버스키와 대니얼 카너먼 교수님을 직접 만나는 영광을 얻는다면 조심스럽게 말씀드려보고 싶다. "적어도 아이의 탄생이라는 항목에서만큼은 손실 회피 편향을 재고해보시죠."

- 강준만, 《감정 독재》, 인물과사상사, 2013.

더하기보다 덜어내기

라쇼몬 효과

언제나 위기는 방심의 순간에 찾아온다. 한가롭게 아내와 연휴에 어디로 여행을 갈지에 대해 이야기하던 순간이었다.

 "우리 연애할 때 벚꽃 보러 춘천 갔던 날 생각난다. 그때 진짜 좋았는데."

 "어? 우리가 봄에 춘천을 갔었다고?"

 "그래. 같이 가서 공지천에서 산책도 하고…"

 "우리가 춘천에서 강가를 같이 걸었나?"

 "그래. 거기 꽃 앞에서 사진도 찍고…"

 "어떤 X이야?"

 싸늘하다. 가슴에 비수가 날아와 꽂힌다. 하지만 이럴 때일수록 침착해라. 당황하는 순간, 모든 것이 끝이다. 침착하게 이 위기에서 탈출해야 한다.

 "하하. 춘천 같이 갔었는데 워낙 이것저것 많이 해서 헷갈렸나 보네. 자긴 꽃구경보다 다른 기억이 더 강렬한가 봐. 라쇼몬 효과(*Rashomon effect*)라고 알아?"

 라쇼몬 효과는 여러 사람이 같은 사건을 보았는데도 각

자 입장이나 관점에 따라 서로 다르게 사건을 기억하는 현상을 말한다. 1950년대 일본 감독인 구로사와 아키라(Kurosawa Akira)의 영화 〈라쇼몬〉에서 유래했다.* 영화는 한 사무라이의 죽음을 두고 사건 당사자인 사무라이, 사무라이의 아내, 사무라이를 죽인 산적, 그리고 사건을 목격한 나무꾼이 각기 달리 진술하는 모습을 다룬다. 똑같은 사건을 이야기함에도 자기 입장에 따라 사무라이가 죽게 된 이유를 다르게 해석하고 기억한다. 그 기억이 진실이라 굳게 믿으며 증언하는 점이 이 영화를 흥미롭게 만든다.

영화적 장치로서는 매우 흥미로운 이런 상황이 진짜 현실에서 벌어진다면 어떨까? 마냥 흥미진진하다고만은 할 수 없다. 특히 비즈니스와 관련된 상황이라면 더욱 그렇다. 가령 광고 캠페인 전략에 대해 광고주 앞에서 발표했는데 광고주 A, B, C가 각각 전략의 핵심을 다르게 받아들인다면 그 이후엔 정말 골치 아픈 미래가 펼쳐진다.

"제가 기대한 결과물은 이게 아니었습니다만."

"AP님이 지난번 발표 때 이렇게 얘기하시지 않았나요?"

"어라? 그 얘기가 아니었어요?"

기획자 입장에서는 상상만으로도 괴로운 상황이다. 프로의 세계에서 이런 상황이 흔히 벌어질까 싶겠지만 의외로 왕왕 발생한다. 이유는 주로 기획자의 욕심 때문이다. 전략 과제를 준비하면서 알게 된 사실, 새롭게 찾아낸 소비자들의 결핍, 고려했던 가설 등 준비 과정에서 고생해 찾아낸 모든 것을 문서에 다 녹여내 보여주고 싶은 욕심이 일을 그르치게 만든다.

'내가 이렇게 많은 사실을 알아냈어요. 대단하죠?' 이렇게 모든 걸 보여주려는 마음이 크면 클수록 전달하려는 내용은 더 복잡해진다. 발표 내내 인사이트라는 명목으로 청자들이 주목할 만한 화두를 뻥뻥 터뜨리다 보면 듣는 광고주 입장에서는 머릿속이 복잡해진다. 어떤 포인트에 주목해야 할지도 모호해진다. 그리하여 결국 각자 입장에서 유의미한 몇몇 포인트만 취사선택해 기억하게 되고 각 광고주마다 이해한 내용이 달라지는 파국으로 귀결된다.

이를 알기에 나는 중요한 발표일수록 내용을 더하기보다 덜어내려 노력한다. 당장은 중요해 보이는 인사이트도 청자 입장에서 가만히 생각해보면 내용 이해를 방해하는 경우가 많다. (물론 발표의 성격과 주제에 따라 차이는 있지만) 덜어내고 또 덜어내 전달하려는 핵심에 하이라이트가 가게 만드는 것. 나는 그것이야말로 좋은 프레젠테이션의 기본이라고 생각한다.

다행히 춘천 여행에 대한 아내의 기억을 라쇼몬 효과에 대입해 설명해주자 조금은 납득한 표정이 됐다.

"〈라쇼몬〉처럼 같이 여행 갔는데 닭갈비라던가 예쁜 숙소라던가 그런 기억이 더 강렬해서 벚꽃 놀이는 잘 기억 안 나는 게 아닐까?"

"흠. 뭐 그런 건가?"

"그건 그렇고, 이번 휴가 때는 어디로 여행 가지?"

아내가 잠시 납득하는 순간 서둘러 화제를 돌렸다. 여행 또한 다양한 기억이 교차하는 복합적 경험이다. 그렇기에 훗날 사람마다 기억하는 장면이 다를 수 있다. 똑같은 곳에 똑같은 사람끼리 여행을 다녀와서도 누군가는 함께 먹었던 음식을 중심으로, 누군가는 함께 보았던 풍경을 중심으로 그 여행을 기억한다. 라쇼몬 효과는 그렇게 여행의 기억을 다채롭게 만든다. 내가 진짜 누구와 춘천에 갔는지를 순간 착각하게 할 만큼. 휴, 살았다!

- pmg 지식엔진연구소, 《시사상식사전》, 박문각.

어림짐작은 좀 곤란합니다

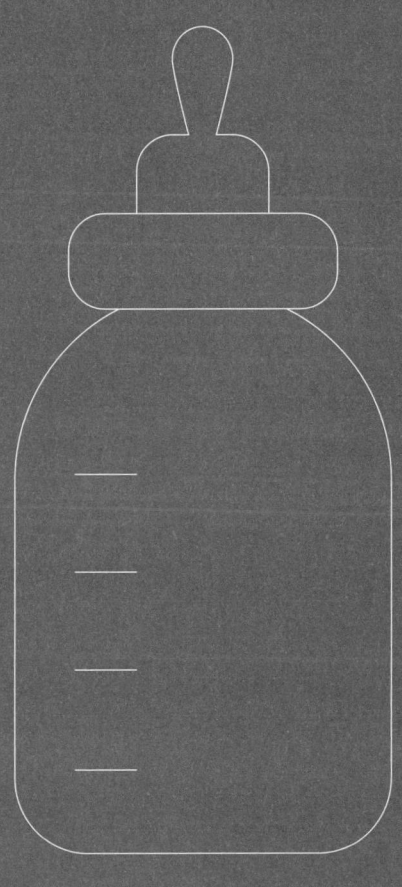

휴리스틱

'나는 30분 아빠다.' 최근 스스로 내린 결론이다. 아기를 낳기 전 상상했던 하루는 느긋하고도 밀도 높은 하루였다. 함께 눈을 비비며 일어나 도란도란 아침을 먹는다. 그러고 나서는 놀이터에 나가 함께 숨바꼭질을 하거나 공원을 산책한다. 퇴근 후에는 오늘 하루에 대해 (아직 제대로 알아들을 나이는 아니지만) 이야기를 나누고 퍼즐 놀이나 그림 그리기를 한다. 밤이 되면 동화책을 읽어주며 기분 좋게 잠재운다. 응당 아기와 아빠라면 대략 이런 평범한 하루를 함께 보내리라고 생각했다.

하지만 상상에 비해 현실은 늘 냉혹하다. 아침에 일어나면 정신없이 출근 준비를 하는 동시에 손에 잡히는 대로 아이에게 옷을 입힌다. 아이를 재촉하며 전날 준비해둔 아침밥을 먹이고 어린이집에 등원시키기 바쁘다. 회사에서 전쟁 같은 하루를 보내고 집으로 돌아오면 빨라도 저녁 7시 반. 8시면 하품하는 아이의 수면 패턴을 생각하면 아빠 역할을 할 만한 시간은 고작 30분이다. 그 30분 안에 아이와 함께 놀이를 하고 양치질을 시키고 동화책을 읽어주고 잠까지 재워주는, 그야말로 분 단위 스케줄 관리가 필요하다. 대개 한 두 가지 과정은 하는 둥 마는 둥 패스하게 된다.

이것도 아이 컨디션이 매우 좋았을 때 이야기다. 아직 말도 제대로 하지 못하는 아이가 울기라도 하는 날엔 패닉에 빠진다. 짧은 시간 안에 울음의 원인을 파악해야 한다. 그래야 잠들기 전 부족한 부분을 채워주거나 아침에 병원에 갈 계획을 세울 수 있다. '지금 아이가 우는 것은 덥다는 뜻일까? 배가 고프다는 표현일까? 아니면 진짜 어디가 아픈가?' 시간이 부족하니 되도록 빨리 판단을 내려야 한다. 하지만 그 판단이 한 번에 들어맞는 경우는 경험상 많지 않다. 30분 아빠의 '휴리스틱(*Heuristics*)'이다.

사람들은 모든 상황에서 심사숙고해 판단을 내리지 못한다. 그때그때의 직감이나 이전 경험에 기대어 빠르게 판단을 내려야 할 때도 많다. 휴리스틱은 이처럼 시간이나 정보가 불충분해 합리적 판단을 할 수 없거나 굳이 그럴 필요가 없는 상황에서 사람들이 신속하게 사용하는 어림짐작을 일컫는다.● 만약 시간과 에너지가 충분한 상황에서 판단이 가능하다면 정보를 모으고, 수집한 정보들을 하나하나 분석하고, 가능한 결론에 대한 몇 가지 가설들을 설정하고, 그 가설들 중 무엇이 가장 옳은지 평가해 최적의 결론을 내리려 노력할 것이다.

한편 일상의 모든 상황에서 시간과 에너지가 충분하지는 않기에 최소한의 정보만으로 어림잡아 판단을 내리는 경우도 종종 발생한다. 경험이나 직관에 의존한 '어림짐작 판단 방법론'이 통할 경우에는 시간과 에너지를 아끼며 옳은 결론에 도달할 수 있다. 하지만 당연하게도 어림짐작만으로 매번 옳은 결론에 도달하기는 쉽지 않다. 놓치고 그냥 넘어간 정보가 치명적 오류로 이어지거나 최선이라 믿었던 결론이 알고 보면 악수인 경우도 많다.

그렇기 때문에 아빠의 휴리스틱은 좀 곤란하다. 아이의 건강과 정서 발달과 직결되는 문제들을 직관에 의존해서만 판단할 수는 없다. 내가 육아 카운슬러였다면 휴리스틱을 남발하는 아빠에게 결코 좋은 코멘트를 하진 않았을 것이다. "잠시만요, 금쪽이 아빠. 그렇게 대충대충 판단 내리시면 안 되고요" 하며 꾸짖는 선생님의 목소리가 들리는 듯하다.

비록 30분 아빠이지만 제한된 시간만이라도 최선을 다해 관심을 기울이려 노력 중이다. 혹시 몸에 상처나 반점은 없는지 목욕을 시키며 아이 몸을 구석구석 살펴본다. 반찬마다 다른 아이의 반응을 보며 식습관도 확인한다. 오늘 하루 아이에게 어떤 일이 있었는지 어떤 친구들과 지내는지 파악하려고 어린이집 생활일지를 꼼꼼히 읽어본다. 그제야 잠든 아이의 얼굴을 가만히 들여다본다. 써놓고 보니 마치 타깃 소비자의 데이터를 모으는 기획자의 업무 과정처럼 들린다. 기획자 아빠의 직업성을 살려 성실하게 모은 아이의 데이터는 조만간 아이에 대한 판단을 내릴 때 휴리스틱에서 벗어나 최적의 판단을 내릴 수 있도록 도와줄 것이다.

기획자 입장에서 휴리스틱은 공략해야 할 심리이자 동시에 경계해야 할 심리다. 사실 나와 같은 기획자들은 '소비자들의 휴리스틱 성향을 적극 공략하는 경우가 많다. 평소 시간이 충분하지 않은 현대인들은 특히 식음료와 같은 저관여 제품을 구매할 때 휴리스틱적 판단을 하는 경향을 보인다. 제품의 특장점을 꼼꼼하게 들여다보고 비교하기보다 이름을 많이 들어본 제품을 선택해버리거나, 가격이 좀 더 높으면 제품력도 더 좋으리라고 쉽게 생각해버리는 것이다. 15초 내내 제품명만 외쳐서 웃음을 유발하는 광고나 제품명으로 노래를 하는 종류의 광고들이 이런 배경에서 탄생한다. 특정 카테고리의 경우, 제품의 차별적 특징을 알리거나 브랜드의 남다른 철학을 전하지 않아도 제품의 이름만 기억시키면 그만큼 선택 확률이 높아지기도 한다.

하지만 기획자 자신이 휴리스틱적 판단으로 전략을 고

민하는 것은 역시나 좀 곤란하다. 사실 몰아치는 업무의 소용돌이에 빠져 있으면 과거의 경험이나 직감 등에 기대 전략을 세워버리기도 한다. '대충 뭐 이런 것 아닐까?' 하고 속된 말로 '퉁'쳐서 판단하기도 한다. 그렇게 세운 전략은 사상누각(沙上樓閣)인 경우가 많다. 모래 위에 쌓은 성처럼 일견 그럴듯해 보이지만 꼼꼼히 따져보면 허점이 금세 드러난다. 광고주의 날카로운 질문 한마디에 후드득 무너져버린다. 결국 부족한 시간 속에서도 과제를 제대로 들여다보고 돌다리를 두드리듯 촘촘히 분석하고 몇 가지 대안을 비교해보는 과정을 거친 전략만이 훗날 찾아올 거대한 후폭풍을 막아준다. 물론 힘은 좀 들지만.

기획자 아빠에게는 아이도 광고주의 브랜드도 한정된 시간 안에 꼼꼼히 들여다봐야 하는 복잡하고도 소중한 존재다. 그래서 결론은, 어림짐작만 해서는 좀 곤란하다는 이야기입니다.

- 한국심리학회, 《심리학용어사전》, 2014.

미완성된 이야기의 잔상

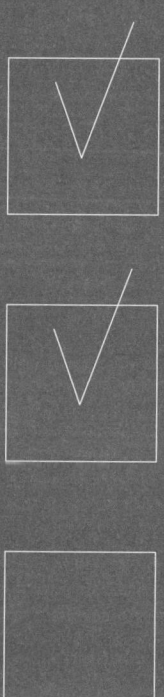

자이가르닉 효과

코로나 팬데믹 때였다. 임신한 아내의 배가 본격적으로 불러오기 시작하자 나는 '걱정 재벌'답게 오만가지 걱정들을 떠올렸다. 아내가 출근할 때면 지하철 인파에 치이지 않을까, 자리에 앉아서 갈 수나 있을까 염려됐다. 함께 산책길을 걷다가도 씽씽 달리는 전동 킥보드를 보면 혹시나 아내와 부딪히지 않을까 신경을 곤두세웠다.

 걱정으로 바짝 예민해진 나와 달리 정작 당사자인 아내는 '뭐 그리 호들갑이야' 하는 평온한 표정이었다. 임신 전 컨디션과 크게 달라지지 않았는지 동그란 배를 내밀고 뒤뚱뒤뚱 거리를 활보했다. 회사에서도 동료들의 보살핌을 받으며 즐겁게 일과를 보냈고, 그들의 관심이 매우 흡족했는지 늘 약간은 흥분한 상태로 신나게 출근길에 나서곤 했다.

 유일하게 달라진 부분이 있다면 입맛이었다. 이전에는 특별히 가리는 음식도, 특별히 좋아하는 음식도 없던 아내는 임신 후 입맛이 통 없었다. 그러다 어느 날 문득 아내는 김치찌개 냄새에 격하게 반응했다. 이전부터 익숙하게 만들어온 자취생 스타일 레시피대로 재료들을 몽땅 때려 넣고 김치찌개를 끓여서 주자 아내는 냄비를 다 비울 때까지 김치찌개만으로 주말 아침, 점심, 저녁을 해결했다.

김치찌개에 대한 관심이 시들해진 또 다른 날에는 미역국이 먹고 싶다고 했다. 그럴 땐 후다닥 '백종원 미역국 레시피'를 검색해서 소고기 미역국을 끓여 대령했다. 어느새 아내가 원하는 음식이 생길 때마다 어설프더라도 빠르게 만들어주는 것이 나의 임무가 됐다.

아내는 가끔 집에서 만들 수 없는 음식을 찾기도 했다. 특별한 재료가 들어가거나 나로서는 도저히 흉내 낼 수 없는 요리들, 혹은 계절에 맞지 않는 과일들이 그랬다. 아내가 처음으로 집밥이 아닌 다른 음식이 먹고 싶다고 이야기했을 때 나는 속으로 쾌재를 불렀다. 아내가 임신하고 나서부터 내내 마음속으로 품었던 하나의 로망이 있었기 때문이다. 이를테면 '칼바람이 부는 겨울밤 산딸기가 먹고 싶다는 임신부 아내를 위해 온 동네를 뒤져 겨우 딸기를 구해오는 남편의 스펙터클한 모험' 같은 것.

이런 로망을 품게 된 데는 구전의 영향이 크다. 예로부터 입덧하는 아내를 위해 음식을 구해온 남편들의 이야기가 전설처럼 전해 내려온다. 새벽녘에 멜론이 먹고 싶다는 아내를 위해 멜론을 찾아 거리를 나섰지만 구할 길이 없어서 멜론 맛이 나는 과자, 빵, 아이스크림을 몽땅 구해다 주었다는 사연, 이미 마감한 순대 가게에 가서 임신한 아내가 찾는다고 주인장에게 읍소했더니 주인이 가게 문을 다시 열고 순대를 썰어 주었다는 사연 등 입덧하는 아내를 위한 남편들의 모험담은 참으로 흥미진진하다.

오래전부터 이런 이야기들을 동경해왔던 나는 '두고두고 우려먹으며 으스댈 만한 그런 모험이 내게도 곧 찾아오겠군' 하고 내심 기대를 했다. 나중에 아이가 자랐을 때도, 누군가와 임신이나 출산에 대해 이야기를 나눌 때도 재미있는 에피소드가 되리라고 생각했다.

결론부터 이야기하자면 아쉽게도 로망의 순간은 허락되지 않았다. 간과했던 진실 때문이다. 요즘은 굳이 밖으로 직접 구하러 가지 않아도 클릭 몇 번만으로 웬만한 음식은 문 앞에서 받아볼 수 있는 시대라는 진실 말이다. 이를테면 갑자기 타코가 먹고 싶다는 아내에게 "지하철역 가는 길에 멕시코 요리 가게가 새로 생겼던데 내가 후딱 가서 사 올까?" 하며 전의를 불태우며 이야기해도 "아니야, 그냥 배민으로 주문할게" 하고 아내 혼자서 간단하게 해결해버리는 시대인 것이다.

과일도 마찬가지였다. 늦은 밤 수박이 먹고 싶다는 아내의 이야기에 '드디어 출동할 시간이구나!' 하며 24시간 마트로 가는 최단 코스와 편의점에서 수박을 팔 가능성을 떠올려봤지만 이 역시 클릭 몇 번만으로 30분 만에 배달이 완료돼버렸다. 심지어 아주 먹기 좋게 손질까지 다 되어 있는 상태로.

배달 앱을 처음 개발한 분들은 배달 앱으로 달라질 사람들의 생활 패턴을 치밀하게 예측했을지는 몰라도 배달 앱이 한 남편의 소소한 로망을 꺾어버릴 줄은 아마 예측하지 못했을 것이다. 이때의 좌절된 로망은 아내가 무사히 출산한 이후에도 '자이가르닉 효과(Zeigarnik effect)'로 인해 마음 한구석에 여전히 깊이 남아 있다.

자이가르닉 효과는 마치지 못한 일을 마음속에서 쉽게 지우지 못하는 현상을 말한다.• 완결된 일은 기억 속에서 쉽게 잊히지만 미완성한 일은 오래 기억하며 쉽게 잊지 못하곤 한다. 어린 시절에 이루지 못한 첫사랑에 대한 기억을 지긋한 나이가 되어서도 잊지 못하고 떠올리는 것 또한 자이가르닉 효과라고 할 수 있다.

자이가르닉 효과는 러시아 심리학자 블루마 자이가르닉(Bluma Zeigarnik)이 제시한 이론으로 한 식당에서 일어난 에피소드를 통해 발견됐다. 자이가르닉은 식당에서 멍하니 종업원들을 바라보다가 아무리 많은 주문을 동시에 받아도 이를 모두 정확하게 기억하는 모습에 흥미를 느꼈다. 더 흥미로웠던 점은 해당 테이블의 계산이 끝나면 그렇게 정확히 기억했던 주문 내역을 마치 리셋한 듯 전혀 기억하지 못하는 현상이었다. 여기에 흥미를 느꼈던 그녀는 몇 번의 실험을 거듭한 끝에 사람들은 완결된 일은 쉽게 잊어버리지만 반대로 완결하지 못한 일은 오래도록 기억한다는 사실을 발견하게 됐고, 후에 이러한 현상은 그녀의 이름을 따 자이가르닉 효과라고 불리게 됐다.

자이가르닉 효과는 광고 콘텐츠에서도 참고할 만하다. 보통 광고 콘텐츠에는 강박이라도 있는 듯 정해진 분량 내에서 전하려는 모든 메시지를 꾸역꾸역 집어넣곤 한다. 비싼 비용을 들여 제작하고 송출하는 만큼 최대한 많은 메시지를 넣고 싶은 심리가 당연하다. 하지만 자이가르닉 효과에서 보듯 사람들은 완결된 내용보다는 비워진 공백에 더 주목한다. 따라서 핵심 메시지는 전하되 나머지 부분은 '의도된 공백'으로 비워두는 편이 능동적 주목을 이끌어내는 전략일 수 있다.

티저 광고라 불리는 형태의 광고물들이 대표적이다. 특정 상품의 출시를 앞두고 그 상품의 특징을 제대로 알리는 본편 광고가 나가기 전, 짧은 기간 동안 티저 광고를 하기도 한다. 이때 티저 광고에서는 제품 정보를 최대한 노출하지 않는다. 제품명조차 가리는 경우가 많다. 광고를 보는 사람들 입장에서는 머릿속에 입력된 미완성된 정보가 계속 신경 쓰이고, 이렇게 형성된 관심은 본편 광고에까지 고스란히 이어진다. 자이가르닉 효과를 활용한 영리한 광고 캠페인 운영 전략이다.

하지만 좌절한 임신부 남편이 겪는 자이가르닉 효과는 어찌해야 할 것인가? 사람은 또 다른 사람으로 잊는 것처럼 이루지 못한 로망은 또 다른 로망으로 잊어야 하는 법. 임신부 남편의 로망은 이루지 못했지만 나는 또 다른 로망들을 미리 준비 중이다. 아이가 조금 더 자랐을 때 함께할 로망들을 미리미리 리스트업 하고 있다. "엄마"보다 "아빠!"라는 말 먼저 듣기, 영화 〈로얄 테넌바움〉의 벤 스틸러처럼 아이와 아디다스 저지 맞춰 입기, 전국 아쿠아리움 도장 깨기, 아내와 함께 갔던 여행지에 셋이 함께 방문하기… 어서 아이가 쑥쑥 자라 아빠의 소소한 로망들을 함께 실현시켜주기를 고대한다.

- 이동귀, 《너 이런 심리법칙 알아?》, 21세기북스, 2016.

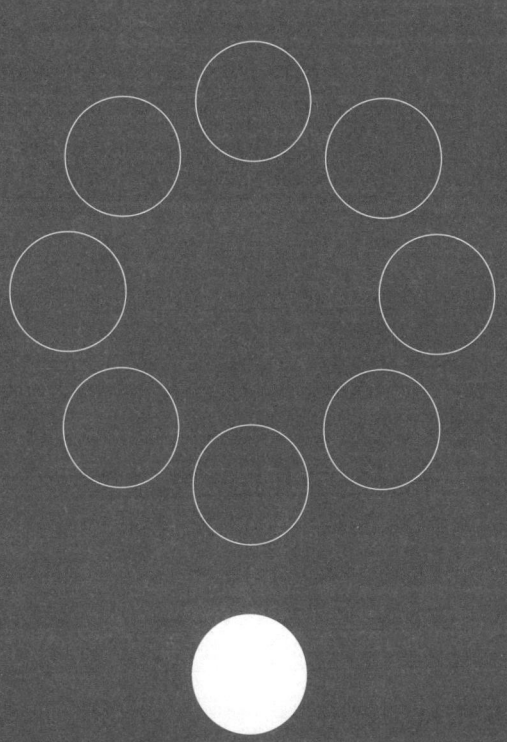

휴일을 맞아 오랜만에 극장을 찾았다. 사람들 사이를 가로질러 키오스크 앞으로 간다. 화면을 클릭해 보고 싶은 영화를 고르고, 시간과 좌석을 선택한다. 영화 시작 시간까지는 15분쯤 남았으니 여유롭게 팝콘을 사러 가볼까나. 역시 팝콘은 달달한 캐러멜 맛 반, 고소한 기본 맛 반이다. 콜라는 제로 코크. 익숙한 패턴이다.

주문을 하고 나서 팝콘을 받으러 가는데 놀라고 만다. '어라? 이젠 팝콘 픽업까지 무인으로 바뀌었네?' 처음 보는 시스템에 허둥지둥. '뭐야? 이거 어떻게 받는 거지? 무슨 버튼을 눌러야 하지?' 한참을 버벅거리다가 겨우 팝콘을 받아 왔다. 주문 시 출력된 영수증에 인쇄된 바코드를 바코드 리더기에 찍으면 픽업 박스 문이 자동으로 열리는 시스템이었다. '혹시 허둥대는 내 모습을 누군가 보지 않았을까' 하는 민망함과 '내가 벌써 이런 시스템에 적응하지 못할 나이가 됐나' 싶은 황망함에 잠시 멍한 상태가 됐다.

사실 예전부터 새로운 기술에 빠르게 적응하는 편은 아니었다. 귀찮아 했다는 표현이 더 맞겠다. 세상은 언제나 빠르게 변화하고 이전의 기술보다 더 앞선 기술은 늘 등장하지만, 새로운 기술을 익히느라 스트레스를 받기보다는 이전의 기술을 고집함으로써 따라오는 불편함을 선택하는 편이었다. 그러다 보니 모두가 세상 편해졌다고 칭송하는 배달앱도 더는 전화 주문이 불편해진 시점에서야 휴대폰에 설치했다. 지금은 누구나 익숙하게 사용하는 전동 킥보드 또한 최대한 이용을 늦추고 있다. '귀찮아. 그냥 걸어 다니지 뭐' 하는 생각으로.

하지만 극장에서의 허둥거림은 종류가 달랐다. 나의 선택과는 무관하게 익숙하게 사 먹던 팝콘을 먹기 위해서는 기존의 행동 패턴을 그 자리에서 바꿔야 했다. 당장에 그러지 못한다면 팝콘조차 사 먹을 수 없는 불가항력적 시스템이 떡하니 내 앞을 가로막았던 것이다. 이런 일을 겪고 나니 아주 미묘했지만 두려움이 느껴졌다. 이러다가 나도 빠르게 변화하는 기술 흐름을 놓치는 것이 아닐까? 모두가 익숙하게 이용하는 시스템을 나만 누리지 못하게 되는 건 아닐까? 포모 증후군(FOMO Syndrome)이었다.

포모 증후군은 'Fear Of Missing Out', 즉 소외되는 것에 대한 공포심을 말하는 영문의 앞 글자를 딴 심리학 용어다.•
원래는 마케팅 분야에서 모두가 소비하는 상품이나 문화를 자기만 향유하지 못할까 봐 두려워하는 심리를 일컫는 말로 주로 쓰였다. 최근엔 주식이나 암호화폐 투자로 큰 수익을 올리는 주변 사람들을 보며 자기만 투자 기회를 놓치고 있는 것이 아닐까 두려워하는 모습을 설명할 때 많이 쓰이는 듯하다. 상품이나 투자 기회뿐 아니라 빠르게 변화하는 세상의 기술 흐름에 뒤처지지 않을까 두려워하며 내가 극장에서 느꼈던 공포감 역시 포모 증후군이다.

생각해보면 이런 공포심은 도처에 깔려 있다. 내가 익숙하게 사용 중인 키오스크도 누군가에게는 장벽일 것이다. 실제로 서울시가 서울 시민 5,000명을 대상으로 실시한 '서울 시민 디지털 역량 실태조사'에 따르면 55세 이상 서울 시민 중 '키오스크를 한 번도 사용해본 적이 없다'라고 응답한 비율이 절반 이상이었다고 한다. 키오스크를 사용하지 않은 이유는 '필요가 없어서(29.4퍼센트)'라는 답변도 있었지만, '사용 방법을 모르거나 어려워서(33.8퍼센트)', '뒷사람 눈치가 보여서(17.8퍼센트)'라는 답변들도 있었다.

이전부터 키오스크라는 새로운 기술에 대해 두려움을 느끼는 사람들은 존재했을 것이다. 주류에 속했던 나는 그때까지 키오스크 사용에 어려움을 겪는 사람들의 사정에 큰 관심을 두지 않았다. 그러다가 내가 이용하기 어려운 종류의 키오스크가 등장하자 비로소 비주류가 됨에 대한 두려움을 느끼고 이런 문제에 뒤늦은 관심이 생기기 시작했다.

많은 브랜드가 마케팅을 할 때 주류를 대상으로 삼는다. 당연한 결정이다. 주류는 숫자가 많고, 그렇기에 그들을 대상으로 한 마케팅이 더 효율적이기 때문이다. 하지만 나는 주류에 속하지 못한 사람들을 대상으로 한 마케팅이 눈에 보이는 단기적 효과 측면에서는 부족할지언정, 장기적으로 브랜드 호감도 측면에서는 더 강력할 수도 있다고 생각한다. 우리는 누구나 시간의 흐름에 따라 주류 밖으로 밀려날 수 있다는 점을 어렴풋하게나마 감각한다. 나와 관계된 가족이나 친구 중에는 비주류에 속한 사람들이 존재한다. 따라서 비주류를 대상으로 한 마케팅이 때로는 모두를 위한 마케팅이 되기도 한다.

메멘토 모리(Memento mori). '죽음을 기억하라'라는 뜻의 라틴어 문구다. 고대 로마에서는 전쟁에서 승리한 장군을 위해 화려한 개선식을 열었다. 개선장군은 모두의 열렬한 박수를 받으며 시내를 가로질러 행진을 했는데, 이때 노예 한 명이 같이 탑승해 장군의 귀에 대고 이 말을 계속해서 속삭였다고 한다. "메멘토 모리… 메멘토 모리…" 지금은 승리의 영광을 마음껏 누린다 해도 너무 우쭐대지 마라. 우리는 모두 인간일 뿐이다. 우리는 언젠가 모두 죽음을 맞이한다.

세상은 빠르게 변하고, 오늘도 모두의 일상을 바꿔줄 것만 같은 새로운 기술들이 탄생한다. 하지만 기억하자. 우리는 모두 언젠가 첨단 기술의 비주류가 된다. 기술적, 사회적 혜택의 경계선 밖에 놓인 사람들을 위한 활동에 전혀 관심을 두지 않았던 과거의 나, 그리고 그러한 누군가에게 속삭이는 말이다.

- 두산백과 두피디아(www.doopedia.co.kr).

작고 사소한 것들로부터

핀볼 효과

모두가 알다시피 세상에는 다양한 문이 있다. 그 문들은 소재에 따라, 컬러에 따라, 역할에 따라, 여는 방식에 따라 다양한 이름으로 명명된다. 나 역시 나무 문, 빨간 대문, 현관문, 미닫이문 등 다양한 이름으로 그것들을 부르며 살아왔다. 그러나 아이가 태어난 후, 세상의 문은 나에게 두 가지로 구분된다. 들어갈 수 있는 문과 없는 문.

　총각 시절, 동네 카페나 식당에 방문할 때면 유난히 유아차를 끌고 온 가족들이 많은 가게들이 있었다. 그리고 그런 가게를 늘어설 때면 '좀 어수선할 것 같은네… 나른 네로 가 볼까?' 하고 발길을 돌린 적도 종종 있었음을 고백한다. 하지만 이제는 안다. 그런 가게들은 유아차를 끌고도 들어올 수 있도록 문턱이 없거나 완만한 경사로를 설치한 곳들이고, 실내도 널찍해서 아기와 함께 들어갈 수 있는 몇 안 되는 소중한 가게라는 사실을. '그런 가게가 그렇게 없나?' 할 수도 있지만 주변을 유심히 살펴보면 생각보다 그런 구조를 가진 가게가 흔치 않다. (물론 동네마다 차이는 있을 수 있습니다.) 대체로 한두 개의 계단을 올라야 하거나 실내 공간이 테이블로 빽빽하게 채워져 있어 유아차를 끌고 들어가기엔 쉽지 않은 구조의 가게들이 대부분이다. 유아차를 가게 밖에 세워두고 들어가려 해도 아기가 앉을 만한 유아용 의자가 비치되지 않은 곳도 많다.

물론 최대한의 공간 효율을 도모해 최대한의 수익을 내야 하는 사장님들의 입장도 충분히 이해한다. 문턱이 높은 입구에 유아차가 오를 수 있는 경사로를 따로 설치하고, 꽤 덩치가 큰 유아차가 들어갈 만한 유휴 공간을 확보하는 것은 분명 쉽지 않은 결정이다. 수지 타산이 맞지 않는 것이다. 때때로 문턱 앞에서 머뭇거리면 문 앞으로 마중 나와 함께 유아차를 들어서 옮겨주겠다고 제안하거나 테이블을 옆으로 밀어 유아차가 들어갈 만한 공간을 마련해주는 사장님들도 종종 만난다. 참 감사한 분들이다. 그분들의 작은 배려가 기꺼이 그 가게의 단골이 되고 싶다는 열망을 만들어낸다. 하지만 유아차 타는 어린아이를 데리고 방문하는 일이 그분들에게 시간적으로, 공간적으로 폐가 됨을 잘 알기에 매번 얼굴을 비추는 것도 염치없는 일로 느껴진다.

나를 포함한 많은 기획자가 종종 빠져나오지 못하는 착각이 하나 있다. 어떤 브랜드의 팬을 만드는 길은 그 브랜드가 꼭 멋진 철학을 가졌거나 블록버스터급의 마케팅 활동을 해야만 가능하다는 생각이다. 그래서 전략을 고민할 때면 어깨에 힘을 '빡' 주고, 미간에 주름을 잡으며 거대하고 획기적인 무언가를 개발하려고 노력한다. 하지만 사실 꼭 대단한 무엇만이 팬을 만드는 것은 아니다. 세상엔 사소하고도 다양한 불편들이 존재한다. 그런 불편들을 브랜드가 나서서 '슥' 하고 해결해주는 결정적 순간, 사람들의 마음속에선 꽃이 피어난다.

양손 가득 짐을 들고 갈 때 앞서가던 누군가 문을 열고 잠시 기다려주거나 열리지 않는 물병을 누군가 무심하게 대신 열어주었을 때 느껴지는 따뜻함은 브랜드 활동에도 동일하게 작동한다. 특히 제품 품질이나 가격이 평준화된 시장에서는 사소해 보이는 경험이 결정적 차이를 만들어내기도 한다. 사소할지라도 꼭 필요한 배려가 담긴 특별한 경험이 마치 쏘아진 핀볼처럼 점점 속도를 붙여 생각지 못했던 거대한 결과를 만들어내는 것이다.

핀볼 효과(Pinball effect)라는 경제학 용어가 있다. 사소한 사건이 핀볼 게임의 볼을 쏜 것처럼 여기저기 연결되고 점점 증폭되면서 세상을 움직이는 거대한 사건을 만들어내는 현상을 말하는 용어다.* 주식시장에서는 국가의 경제성장률이나 특정 기업의 실적 같은 요인들이 연쇄적으로 작용해 주가를 예상보다 크게 높일 때 핀볼 효과라는 표현을 쓰곤 한다.

오늘도 뉴스에서는 대한민국 출산율을 끌어올린 획기적인 정책에 대한 이야기들이 오르내린다. '출산 장려 아이디어를 모으는 대대적 공모전을 열겠다', '다자녀 직원에게는 승진 시 가산점을 부여하겠다', '출산을 장려하는 댄스를 만들겠다'. 모두 저출생 문제를 해결하기 위한 나름의 노력임은 맞다. 하지만 실제로 아이를 키우는 중이며 둘째를 고민하는 부모 입장에서는 고개를 갸웃하게 된다. 출산을 꺼리는 사람들의 마음을 돌릴 거대하고 즉각적인 해결책이 있으면 좋겠지만 과연 세상에 그런 방법이 존재할까?

변화를 오히려 작고 사소한 것들로부터 시작될 때가 많다는 걸 우리는 안다. 문턱 낮은 가게가 많아지면 행복한 아이와 가족의 모습이 더 많이 보일 것이다. 행복의 기운은 자녀가 없는 사람들에게도 전파되고, 어쩌면 '육아에 찌든 부모와 떼쓰는 아이'라는 부정적 프레임을 가진 누군가에게 아이가 함께하는 행복한 내일을 상상하게 만들지도 모른다. 문턱을 넘지 못하는 누군가에 대한 이해, 그리고 다른 손님들의 쾌적한 시간을 방해하지 않으려는 부모들의 노력, 이런 서로 간의 작은 배려들이 여기저기 부딪히며 가속도가 붙는 핀볼처럼 커다란 결과를 만들어낼지도 모를 일이다. 이상, 더운 여름날 유아차를 끌고 갈 길을 잃은 기획자 아빠의 망상이었습니다.

- 한경 경제용어사전, 한경닷컴(dic.hankyung.com).

세상을 바꾸는 끓는점

100번째 원숭이 현상

그럴 때가 있다. 넓은 호수의 물을 소주잔으로 마구 퍼내고 있는 것 같은 느낌이 들 때. 커다란 티라노사우루스의 다리를 이쑤시개로 공격하는 것 같은 기분이 들 때. 기획자로서 일을 하다 보면 내가 기획 중인 이 마케팅 아이디어가 세상의 변화를 이끌어내리라는 기대감이 조금도 들지 않을 때가 있다는 이야기다.

 기획자가 항상 매출 상승을 위한 전략만 짜는 것은 아니다. 기업의 브랜딩 활동이자 동시에 사회적 공익을 추구하는 마케팅을 기획할 때도 종종 있다. 가령 음료 브랜드 캠페인의 일환으로 '스마트폰을 내려놓고 서로 마주하는 시간을 더 갖자!'라고 권유하는 캠페인 전략을 고민한다거나 친환경 화장품 브랜드 캠페인의 일환으로 사람들의 일회용품 사용률을 줄일 만한 계몽적 아이디어를 고민하는 경우다. 하지만 이런 아이디어를 골몰하다 보면 때때로 '이런 걸 한다고 진짜 세상이 진짜 달라지겠어?' 하는 염세적 자아가 불쑥 고개를 내민다.

 거대한 세상 속에서 하나의 마케팅이 가지는 힘은 너무

나 미약해 보이기만 한다. 실제로 변화를 이끌어낸다기보다 그냥 좋은 이미지만 챙겨가려는 상술처럼 느껴지고, 그런 마케팅을 기획하고 있는 스스로가 '가짜 기획자'처럼 느껴진다. 기업의 마케팅 활동은 응당 기업의 이익이 최우선이어야 하기에 이런 마케팅 활동으로 브랜드에 좋은 이미지가 씌워진다면 기획자로서는 환영할 일이다. 하지만 이왕이면 진짜로 세상에 좋은 영향을 미치고 싶은 것 또한 세상의 일원으로서 당연한 소망이다. 이 사이에서 괴리가 발생한다. 브랜드의 긍정적 이미지 형성이라는 목적은 꽤 성공적으로 달성 가능해 보이지만, 세상을 실질적으로 변화시키겠다는 목적의 달성 가능성은 고개를 좀 갸우뚱하게 만든다.

이 지점은 욕망 덩어리였던 과거의 나에게는 꽤나 실존적 고민이었다. 스스로 세상을 변화시킬 수 있으리라 믿어 의심치 않았던 자의식과잉의 그 시절에는 광고주의 브랜드 가치도 도모하고 사회적으로 좋은 영향도 미칠 수 있을 법한 아이디어를 즐겨 냈다. 구인구직 플랫폼의 마케팅을 위해 보이지 않는 곳에서 사회에 꼭 필요한 일을 하는 직업을 조명해보는 시상식 아이디어를 내기도 하고, 세탁기 브랜드의 마케팅 방안으로 거칠어진 우리 시대 어머니들의 손을 다시 보게 하는 디지털 캠페인 아이디어를 제시하기도 했다. 진짜 실행만 된다면 브랜드에도 사회적으로도 분명 좋은 영향을 미칠 것이라며 한껏 흥분해 아이디어를 열변했다. 그러는 한편, '말은 그렇게 했지만 마케팅으로 세상에 좋은 영향을 끼치는 건 어불성설일까?', '그럼 난 가짜 고민을 하고 있는 건가?' 하고 고뇌했다.

그로부터 10여 년이 흐른 지금은 어떨까? 음, 그런 지점들을 아주 심각하게 고민하지는 않는다. 클라이언트 이익을 최우선으로 생각하는 직장인 자아가 단단해졌기 때문이기도 하지만 나의 아이디어가 당장 세상을 바꾸진 못할지언정 '100번째 원숭이'를 향해 가는 과정 중 하나라고 생각하기 시작해서다.

100번째 원숭이 효과(*The hundredth monkey effect*)는 일본에서 진행된 흥미로운 관찰 실험에서 비롯됐다. 1950년대 일본 학자들은 고지마 지역에 사는 야생 원숭이들이 흙 묻은 고구마를 어떻게 먹는지 관찰했다. 처음에 원숭이들은 흙 묻은 고구마를 잘 먹지 못하거나 손으로 털어내 먹었다. 그러던 어느 날 한 원숭이가 고구마를 강물에 씻어 먹기 시작했다. 그 후 그 원숭이와 가까웠던 다른 원숭이들이 고구마를 씻어 먹기 시작했고 더 많은 원숭이들에게 이 방식이 서서히 퍼져나갔다. 그러다 고구마를 씻어 먹는 원숭이 수가 100마리에 도달하자 고지마 지역의 모든 원숭이가 고구마를 씻어 먹게 됐다. 동식물학자인 라이얼 왓슨(*Lyall Watson*)은 이 모습을 '100번째 원숭이 효과'라고 명명했다. 이 용어는 어떤 행위를 하는 개체수가 일정 수준에 이르면 그 행동이 급속히 확산되는 현상을 설명할 때 자주 쓰인다.•

하나의 아이디어를 제안했을 때 누군가 그 생각이 세상을 얼마나 바꿀 수 있냐고 묻는다면 "분명 엄청난 변화를 이끌어낼 겁니다!"라고 단박에 말하기는 좀 어려운 게 사실이다. 그렇다 보니 "흠흠, 세상을 바꾼다기보다 일단 몇몇 사람들을…" 하고 쭈그러든다. 맞다. 사람들의 생각이나 행동을 바꾸고 그를 통해 세상을 더 살 만한 곳으로 만드는 일이 한 번의 시도로 가능할 리 없다. 누군가의 아이디어가 몇몇의 행동을 바꾸고, 거기에 영감을 받은 또 다른 누군가의 목소리가 또 몇몇의 생각을 바꾼다. 그런 변화들이 차곡차곡 쌓여 100번째 원숭이처럼 끓는점에 도달하면 비로소 세상에 유의미한 변화가 시작된다.

팬데믹이 한창이던 2021년부터 2023년 사이, 전 세계 곳곳에서 사람들을 돕기 위한 브랜드들의 마케팅이 들불 퍼져나가듯 이어졌다. 버거킹(*Burger King*)은 프랑스 농가들을 돕기 위해 200톤의 감자를 추가로 구입하여 드라이브 스루

(Drive-thru) 이용객에게 생감자 1킬로그램을 나눠주는 이벤트를 진행했다.•• 하이네켄(Heineken)은 아르헨티나에서 팬데믹으로 인해 문을 닫은 가게의 셔터를 옥외광고 매체로 구입하여 그 자리에 자신들의 광고를 집행하는 '셔터 애드(Shutter Ads)'라는 캠페인을 진행하기도 했다.••• 이 밖에도 수많은 브랜드들이 앞다투어 팬데믹으로 어려움을 겪거나 일선에서 싸우는 사람들을 돕고 응원하는 마케팅을 실행했다.

단 하나의 아이디어만 보았을 때는 작은 영향력, 시류에 올라탄 영리한 마케팅으로만 느껴진다. 하지만 하나의 아이디어에 영향받은 또 다른 아이디어가 펼쳐지고 그 아이디어에 영향받은 또 다른 아이디어가 펼쳐지며, 결과적으로 전 세계적인 팬데믹을 극복하는 데 마케팅도 결코 적지 않은 영향을 미쳤다.

그러니 당장 극적인 변화가 눈에 보이지 않는다고 해서 실망할 필요는 없다. 변화의 단초는 크건 작건 분명 쌓여가고 있으므로. 좋은 아이디어라면 분명 널리 퍼져서 '100번째 원숭이 효과'를 거두는 시점에 도달할 것이므로.

- • 이방실, "100번째 원숭이 효과'도 한 마리에서 시작', 〈동아일보〉, 2012년 2월 23일.
- •• 한수경, '버거킹이 생감자를 나눠주는 이유', 〈매드타임스〉, 2021년 2월 4일.
- ••• 'Heineken Shutter Ads', 〈Campaigns of the world〉, 2022년 8월 10일.

성장하는 브랜드는
뭐가 다를까?

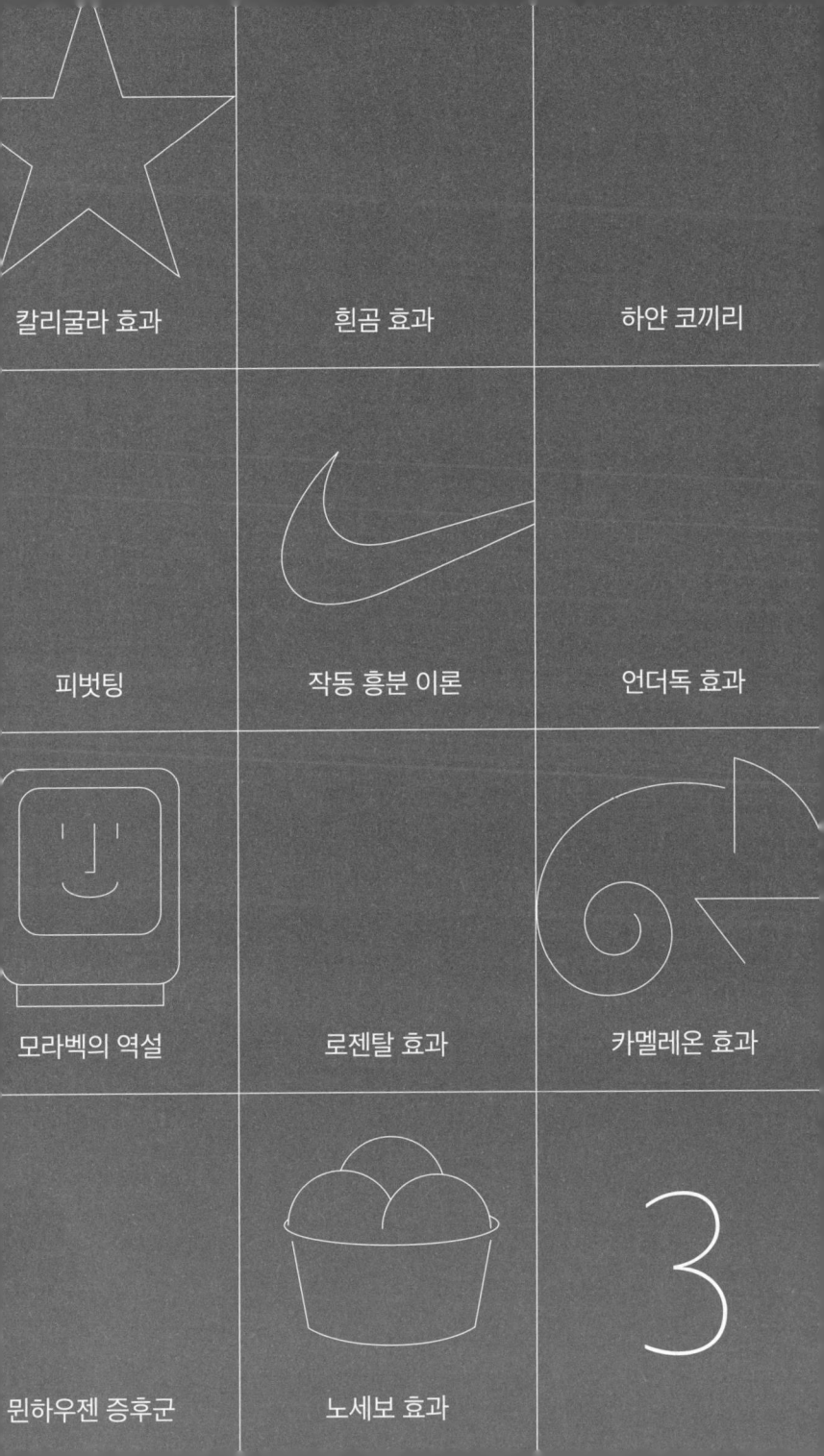

저항하는 인간과 오베이

칼리굴라 효과

가능하면 유행 타는 옷들은 좀 줄이고 최대한 심플한 옷장을 추구하지만 칸칸 서랍장만큼은 예전부터 주워 모았던 티셔츠들로 늘 빼곡하다. 옷 종류 중 상대적으로 저렴한 아이템이어서인지 귀여운 그래픽이 그려졌거나 위트 있는 문장이 적힌 티셔츠만 발견하면 도토리를 찾은 굶주린 다람쥐처럼 자동 반사적으로 야금야금 사들인 것이다.

 티셔츠는 여행지를 추억하는 아이템으로도 제격이다. 이를테면 바르셀로나 여행에서 구입한 레알 마드리드 챔피언스리그 우승 기념 티셔츠(어딘가 모르게 상징적이다!). 바르셀로나 현지에서 입고 다닐 정도의 담력은 없었지만 바르셀로나 여행 이후 런던으로 넘어가 맥주와 축구를 즐기러 간 펍에서는 종종 입었다. 가끔 서랍장을 뒤적거리다가 그 티셔츠를 발견하게 되면 "나이스 셔츠!(*Nice shirt!*)"라며 엄지를 척 내밀던 런던 펍 점원의 나이스 한 얼굴이 떠오른다.

 쿠바에서 막 입고 버리고 올 요량으로 샀던 하바나 클럽● 티셔츠도 여전히 서랍장 한구석에 자리 잡고 있다. 당시 나와 아내는 하바나 클럽 홍보대사라도 된 것처럼 하바나 클럽 티셔츠를 입고 하바나 클럽이 잔뜩 들어간 쿠바 리브레••를 생수처럼 마셔댔다. 한국에 돌아와 하바나 클럽 티셔츠를 입는 일은 다시는 없었지만 하바나 클럽 티셔츠는 지금도 서랍장 가장 깊은 곳에서 편안히 여생을 보내는 중이다. 그리고 가끔 눈에 띌 때마다 24시간에 가까운 비행시간 압박을 이겨내고 쿠바를 재방문해볼 것을 적극 권장하고 있다.

또 한 가지 티셔츠의 중요한 역할은 '선전'이다. 티셔츠는 늘 세상에 뭐라고 말을 건다. 길을 걸으며 맞은편에서 걸어오는 사람들이 입은 티셔츠의 문구를 해석해보는 일은 꽤 흥미로운 유희. '이봐요, 이거 어떻게 생각해요?' 하고 점잖게 말을 거는 것 같기도 하고, 입을 꾹 닫고 걷는 주인과 달리 세상에 버럭버럭 소리치는 듯도 하다.

최근 '호오, 저것은…' 하며 시선을 빼앗긴 티셔츠 문구를 떠올려보면, 우선 경악하는 고양이 그래픽과 함께 적혀 있던 '*Superlative catastrophe*'. '최상급 대재앙' 정도로 해석할 수 있을 텐데, 마치 지구의 이상기후에 질려버린 고양이의 경고 같았다.•••

다음으로 기억나는 티셔츠 문구는 '*Life is better with kind*(친절하면 삶이 더 나아집니다)'. 살과 살이 스치는 만원 지하철에서 마주친 티셔츠 문구였는데 상황이 상황인 만큼 더 고개를 끄덕이게 됐다. '그래, 짜증 내봐야 서로 좋을 것 없지' 하고 티셔츠가 건네는 이야기를 곱씹으며 만원 지하철을 견뎌냈다.

메시지 선전물로서 역할을 하는 티셔츠들 중에서 특히 오베이(OBEY) 티셔츠를 좋아한다. 오베이의 대표적인 티셔츠 디자인은 'OBEY'라는 큼직한 메시지(인 동시에 브랜드명)와 함께 누군가를 응시하는 험악한 얼굴이 프린트되어 있다. 오베이는 스트리트 아티스트인 셰퍼드 페어리(Shepard Fairey)가 만든 스트리트 의류 브랜드이자 그의 초창기 작업물에 늘 들어갔던 일관된 메시지다.

셰퍼드 페어리는 1980년대부터 사회적 메시지를 담은 그래픽과 문구들을 길거리 곳곳에 프린트했다. 프로레슬러 '앙드레 더 자이언트'의 얼굴 일부분을 잘라 'OBEY'라는 문구와 함께 프린트한 '오베이 자이언트'는 그의 대표적인 작품. 그가 프린트를 한 장소는 허가받지 못한 건물의 외벽이었기에 사람들의 눈을 피해 심야에 작업을 했지만 경찰에 잡혀가는 일도 종종 있었다. 그래도 그는 멈추지 않고 낙서를 해나갔다. 'OBEY, OBEY, OBEY…' 장난 같았던 그의 작업은 스케이트 보더 커뮤니티 사이에서 입소문을 모으며 점점 퍼져나가기 시작했다.

'OBEY'를 직역하면 '복종하다', '시키는 대로 하다'다. 셰퍼드 페어리는 'OBEY'라는 메시지를 반복적으로 노출함으로써 역설적으로 사람들에게 '무엇에 순응하고 따르고 있는지' 한 번쯤 생각해보게 만들려는 목적이었다고 한다. 나라도 누군가 내게 다짜고짜 "복종해!"라고 말한다면 '내가 왜?' 하고 반발부터 할 것이다. '복종하다'라고 반복적으로 말함으로써 결과적으로 복종하지 않게 만든다니. 저항하는 인간의 심리를 이용한 그의 작업 방식이 마음에 들었다. 역(逆)칼리굴라 효과(Caligula effect)라고도 할 수 있겠다.

칼리굴라 효과는 한마디로 '하지 말라면 더 하고 싶어지는' 심리적 저항을 말한다.**** 1970년대 미국 보스턴에서 칼리굴라 황제의 생애를 그린 영화 〈칼리굴라〉의 상영을 금지시킨 일이 있다. 잔혹하고 선정적인 장면이 많다는 이유였다. 아이러니하게도 상영 금지로 오히려 영화에 대한 관심이 폭발했다. '얼마나 선정적이길래?' 하는 호기심과 '왜 못 보게 막는 거야?' 하는 반발 심리가 더해졌을 것이다.

〈칼리굴라〉 상영 금지가 '하지 말라면 더 하고 싶어지는' 반발 심리를 불러일으켰다면, 셰퍼드 페어리의 'OBEY' 작업은 반대로 '복종하라'는 (거부감을 불러일으키는) 명령에 대한 반발 심리를 이용해 목적을 달성하고자 한다. 그가 의도했든 의도하지 않았든 저항하는 인간 본연의 심리를 제대로 건드린 셈이다.

셰퍼드 페어리는 최근 한국을 방문했다. 2022년 전시를 위해 방문해 서울 곳곳에 프린트 작업을 하는 이벤트도 함께 진행한 모양이다. 복합문화공간 피치스 도원에도 오베이 자이언트를 포함한 크고 작은 작업물을 남겼다. 그는 "한국의 젊은이들이 세상의 다양한 화제에 의문을 품고 직접 목소리를 내며, 이상을 위해 행동할 것을 격려하고 싶다"라고 말했다.●●●●●

목적을 달성하는 데는 여러 가지 길이 존재한다. 기획자에게 브랜드의 목적 달성이 변경 불가한 제1의 목표라면, 그것을 달성하는 방식의 영민함은 제2의 목표쯤 될 것이다. 수많은 브랜드가 자기 브랜드의 지향점을 가장 아름다운 언어로 메시지화해 전달하려고 노력하는 듯하다. '더 나은 미래를 만들어가자'라든가 '더 자유로운 인생을 누리자'라든가 하는 이야기들을 전하는 수많은 브랜드발(發) 메시지들이 존재한다.

하지만 달성하고자 하는 인식 변화의 지점이 명확하다면 '정교한 문장화'만이 유일한 방법은 아닐 것이다. 인간의 청개구리 같은 저항 심리, 역칼리굴라 효과를 활용해 세상에 의문을 품게 만드는 영리한 예술가 셰퍼드 페어리처럼.

- • 쿠바의 주류 브랜드로 화이트 럼이 유명하다.
- •• 쿠바에서 흔히 볼 수 있는 칵테일로 화이트 럼과 콜라, 라임 등을 넣어 만든다.
- ••• 이 글을 쓰던 2024년 9월, 유례없는 '추석 폭염'에 대한 뉴스들이 전해졌다.
- •••• pmg 지식엔진연구소, 《시사상식사전》, 박문각.
- ••••• 정희원, '셰퍼드 페어리가 서울에 남긴 메시지', 〈세계비즈〉, 2022년 12월 16일.

올드한 브랜드가
흰곰을 물리치는 법

흰곰 효과

돌부처같이 무뚝뚝한 인상의 동네 슈퍼 아저씨도, 늘 사람 좋은 미소로 인사를 건네는 직장 상사도 내면엔 '지극히 개인적인 두려움'이라는 것을 하나쯤 있으리라고 생각한다. 지극히 개인적인 두려움이란 이를테면 이런 것들이다. 누군가는 혼자가 되는 것이, 누군가는 남에게 미움받는 것이, 또 누군가는 사랑하는 반려견이 건강을 잃는 것이 두려울 것이다. 아직 실체화되지는 않았지만 그 일이 실제로 벌어질 경우 가장 무서운 무엇들이다. (다들 하나쯤 품고 있지 않나요?)

 두려움의 종류는 각자가 처한 상황이나 결핍에 따라 달리 정해진다. 이런 종류의 두려움은 보통 망상으로 대개 곧 사라지지만 간혹 망상이 덩치를 점점 키워 물리적 세계에도 일정 부분 영향을 미칠 때도 있다. 자꾸 그것이 생각나서 일에 집중하지 못하거나 과도한 사전 대비로 인해 에너지를 소모하는 식으로 오늘을 살아가는 데에 부정적 영향을 끼치는 것이다. 그러므로 가능하면 이런 두려움은 최대한 빨리 떨쳐버리는 게 좋겠다.

 내가 가진 가장 큰 두려움은 늙어가는 것에 대한 두려

움이다. 정확히 표현하자면 나이가 들어 사회적 가치가 없는 사람으로 전락할까 봐 두렵다. 나이가 들어감에 따라 배우는 속도가 느려지고, 감각이 무뎌지고, 체력이 떨어져 사회생활 주변부로 밀려나는 것에 대한 걱정이 어느 순간부터 내 안에 깊숙이 자리 잡고 말았다. 어느덧 회사에서도 오래된 연차에 속하는 나이가 됐는데 대한민국 직장인들의 평균 은퇴 시기가 희망하는 은퇴 시점보다 10년 빠르다는 구체적인 기사를 접한 게 영향을 미친 듯하다.● 특히 아이가 태어난 후엔 '이 아이가 성인이 될 때까지 뒷바라지하려면 내가 더 오래 일해야 할 텐데' 하는 생각 때문에 두려움은 더욱더 강해졌다. 사실 은퇴는 아직까지 까마득히 먼 이야기인지라 이런 두려움 따위는 머릿속에서 싹 지워버리고 현실을 살아가면 그만이다. 하지만 한번 든 두려운 생각이 쉽게 머릿속에서 떨어져나가질 않는다.

두려움은 흰곰 효과(White bear effect)가 일어나기 딱 좋은 종류의 생각이다. 흰곰 효과는 특정한 생각을 떠올리지 않으려고 억누르면 억누를수록 오히려 더 떠오르는 심리 현상을 말한다. 흰곰 효과라는 이 재미있는 이름은 하버드대학교 사회심리학자 다니엘 웨그너(Daniel Wegner)의 실험에서 탄생했다. 웨그너는 피실험자들을 두 그룹으로 나눠 A

그룹에는 "흰곰을 생각하라"라고 했고, B 그룹에는 "흰곰을 생각하지 마라"라고 요청했다. 그러고는 두 그룹 모두에 흰곰이 떠오를 때마다 종을 치라고 이야기했다. 그 결과, 종을 친 횟수가 더 많은 쪽은 흰곰을 생각하라고 이야기한 A 그룹이 아니라 흰곰을 생각하지 말라고 이야기한 B 그룹이었다.** 생각하지 말라는 뇌의 지시가 오히려 그것을 더 생각하게 만드는 반동 작용을 만들어낸 것이다. 나이 듦에 대한 나의 개인적인 두려움 또한 '떠올리지 말자, 신경 쓰지 말자'라고 할수록 집요하게 머릿속을 파고든다.

브랜드 입장에서도 브랜드 노후화는 치명적인 문제다. 처음 세상에 호기롭게 등장했을 때는 신선했던 한 브랜드의 철학이나 킬러 제품들도 세월이 지나면 낡은 것이 되어버린다. 이와 더불어 새롭게 등장한 같은 카테고리의 또 다른 브랜드가 사람들에게 사랑을 받는다. 하지만 또 세월이 지나면 그 브랜드 역시 노후화하는 사이클이 반복된다. 사람이든 브랜드이든 간에 노후화의 사이클은 누구도 피해 갈 수 없는 신의 설계처럼 느껴지기도 한다. 하지만 오랜 세월이 지났어도 여전히 신선한 활력을 뿜내는 브랜드도 꽤나 많이 존재한다. 게다가 한번 노후화됐던 브랜드가 다시 한번 젊음의 에너지를 되찾는 경우도 왕왕 있다.

나와 비슷한 연배인 레드불(Red Bull)은 탄생부터 지금까지 꾸준히 에너지가 넘친다. 단지 에너지 드링크라는 제품이 가진 속성 때문만은 아니다. 에너지 드링크가 필요한 스포츠 영역에 레드불의 이름을 달고 진출해 진심을 다해 도전하는 모습에서 많은 사람이 영감을 받는다. 레드불은 세계 최고의 레이싱 경기인 F1에 진출해 우승을 차지하기도 했고, 바이에른 뮌헨이라는 최강자가 지배하던 독일 축구 리그에도 진출해 그들의 판을 흔들기도 했다. 심지어 우주에서 자유낙하를 하는 미친 이벤트를 벌이기도 했다. 세월이 지나고 '괴랄한' 이름과 디자인을 가진 많은 에너지 드링크가 등장했지만 여전히 레드불은 한 해에 100억 캔 이상 팔리는 핫한 브랜드로 굳건하게 자리 잡고 있다.•••

한국에서는 곰표의 사례가 가장 먼저 떠오른다. 곰표는 한때 심각한 브랜드 노후화에 빠졌었다. 이름을 들어는 봤지만 특별히 관심 가는 브랜드도 아니고 그저 올드한 밀가루 브랜드 중 하나로 여겨질 뿐이었다. 밀가루를 사다가 직접 반죽하지 않아도 전자레인지나 에어프라이어에 데우기만 하면 손쉽게 먹을 수 있는 냉동 요리 제품의 발전도 곰표를 위기로 몰아넣었다. 물론 비즈니스적으로는 B2B(기업과 기업 사이의 거래) 시장에 더 집중할 수도 있었을 터. 하지만 그럴 경우 오랜 역사를 가진 브랜드가 사람들의 머릿속에서 완전히 지워질 가능성도 배제할 수 없었을 것이다.

그런 곰표에 다시 신선함을 불어넣은 계기는 전혀 새로운 영역의 브랜드들과 진행한 과감한 협업이다. 전 세계 맥주 브랜드가 경쟁하는 편의점 맥주 시장에서 세븐브로이와 협업한 곰표 밀맥주라는 제품으로 큰 반향을 일으켰다. 곰표 로고가 큼지막하게 들어간 패딩 제품도 SNS에서 이슈가 됐다. 그 밖에도 화장품이나 주방 세제 같은 의외의 영역에서 협업 제품을 내놓기도 하고, 등산을 하며 쓰레기를 주우면 굿즈를 선물하는 플로깅 이벤트를 열어 사람들과 함께 호흡하기도 했다.

1952년생, 사람으로 치면 환갑이 넘은 브랜드 곰표의 모습은 늙어감에 대한 두려움이 있었던 나에게도 자극을 준다. 개인 브랜드 가치의 하락 여부는 시간문제가 아니라 얼마나 새로운 가치로 탈피를 시도해왔는가 하는 행동의 문제다. 기획자의 일은 동시대를 살아가는 사람들의 속내를 예민하게 낚아채고 반 박자 빠르게 새로운 무언가를 제안하는 것이기에 젊은 기획자에게 더 유리한 게 사실이다. 하지만 가까운 주변만 둘러봐도 내가 일하는 업계엔 물리적 나이와 상관없이 신선한 아이디어를 빛내며 날아다니는 선배들이 계신다. 연배를 의심하게 할 정도로 최근 문화적 코드를 정확하게 감지하고, 열정 넘치는 신입 사원보다 전향적인 아이디어를 밀어붙이기도 한다. 외부 시선에서 보기엔 타고났다거나 시간의 흐름을 역행하는 다른 종류의 인간처럼 보이지만 그분들도 끊임없이 노력하고 행동하고 계시리라. 감각의 영역을 안티에이징 크림으로 피부 관리하듯 꾸준히, 치열하게, 신경 써서.

두려움의 휜곰 효과를 탈출하는 방법은 사고가 아닌 행동에 있다. 두려움이 떠오르지 않도록 생각을 억누를 게 아니라 두려움을 이겨낼 수 있는 방향으로 행동하기. 오직 그것만이 두려움의 휜곰 효과에서 우리를 벗어나게 해준다. 그동안 나는 '나이가 들면 어쩔 수 없어'라는 핑계로 정체라는 안락함에 빠져 있던 것은 아닐까? 어쩌면 이런 자기 검열도 사치일지 모르겠다. 그러니 일단 움직이자. 퇴보의 역방향으로.

- • 김현경, '한국 은퇴나이 평균 55세⋯ 최소 생활비 월 251만원', 〈서울파이낸스〉, 2023년 11월 26일.
- •• 배연국, '휜곰을 물리치는 법', 〈세계일보〉, 2019년 12월 4일.
- ••• 성유진, '피곤한 세계인들⋯ 에너지 드링크 판매량 급증', 〈조선일보〉, 2023년 5월 18일.

하얀 코끼리 돌려보내기

하얀 코끼리

한국 사람들에게 가죽 재킷은 조금 특별한 아이템이다. 이른바 '지금이야!' 아이템이라 불리곤 한다. 일반적인 가죽 재킷의 보온성을 고려했을 때 이 옷을 입기 적당한 시기는 초봄과 가을 정도인데, 최근 들어 그 시기가 굉장히 짧아지는 추세다. 기분 좋게 얼굴을 간지럽히는 가을볕의 온기를 느끼며 '다음 주 주말엔 야외 자리가 있는 카페에 가서 책이라도 읽어야지' 하고 마음먹고 일주일이 지나면 야외 자리에서 오들오들 떨어야 하는 급격한 날씨 변화인 것이다. 그러다 보니 겨울이 지나 적당히 날씨가 따뜻해질 무렵과 반팔을 입어야 하는 더운 날씨 사이에 '바로 지금이야!'를 외치며 입어야 하는 아이템이 가죽 재킷이라는 말이다. 웃기고도 슬픈 이야기다.

많은 사람이 같은 생각을 하는지 초봄의 거리엔 가죽 재킷을 입은 이들이 넘쳐난다. 나 역시 '오늘이야!'라는 내적 외침과 함께 가죽 재킷(비건 가죽 재킷이다)을 입고 출근한 어느 봄날, 비슷한 디자인의 가죽 재킷을 입은 몇몇 동료를 엘리베이터에서 마주치고 서로 멋쩍은 미소를 나눈 기억이 있다.

가죽 재킷뿐 아니라, 봄가을에 입기 좋은 트렌치코트도 비슷한 처지의 아이템이 되어버렸다. 나의 어린 시절을 생각해보면 봄은 충분히 여유롭게 즐길 수 있는 존재감 큰 계절이었는데 요즘은 찰나에 불과하는 듯 느껴진다. 자고로 대한민국은 사계절이 뚜렷한 나라라고 배워왔지만 이제 봄과 가을은 순식간에 지나간다.

'이러다 정말 지구가 망하는 것 아닐까?'

주변의 변화에 매우 둔감한 사람이지만 최근엔 이런 생각을 정말 자주 한다. 북극이나 아프리카 관련 뉴스에서만 보던 기후 문제가 이제는 바로 나의 코앞까지 당도했음을 느낀다. 여름철마다 매년 최고 온도를 갱신한다. 과거엔 동남아 여행지에서 목격했던 스콜 같은 갑작스러운 호우를 한국에서도 종종 만난다. 최근 몇 년 사이 들어본 적 없는 이름의 역병들이 창궐해 삶의 반경을 제한할 것을 강제한다.

'분명 무언가 잘못되고 있다.'

아무 일 없는 것처럼 살아가고 싶지만 그럴수록 이런 목소리가 더 또렷하게 들려온다.

지구 입장에서 곰곰이 생각해보면 우리를 둘러싼 많은 물건이 과연 꼭 필요한지 의문을 품게 된다. 편리하다는 이유로 매일 몇 개씩 쓰고 버리는 종이컵이 과연 필요한 걸까?

유행에 따라, 브랜드에 따라, 계절마다 새 옷을 사는 행위가 과연 필요한 걸까? 매일 손가락 터치 몇 번으로 문 앞까지 음식을 배달시켜 먹는 행위가 과연 필요한 걸까? 우리를 둘러싼 많은 산업이 지구에겐 '하얀 코끼리(White elephant)'와 같다.

하얀 코끼리는 보기엔 화려하지만 관리 비용만 많이 들고 쓸모는 없는 대상을 말하는 관용적 표현이다. 요즘엔 경제 분야에서 실행 비용은 과다하나 실행으로 얻는 이익은 적은 프로젝트를 일컫는 용어로 사용되곤 한다. 하얀 코끼리라는 용어는 고대 태국에서 전래한 설화에서 유래됐다. 당시 태국에서 하얀 코끼리는 굉장히 신성한 동물로 여겨졌다고 한다. 그랬기 때문에 하얀 코끼리는 비싼 먹이를 먹여가며 귀하게 키워야 했는데, 신성한 동물이었으므로 밭일에 활용하거나 이동 수단으로 활용할 수는 없었다. 하얀 코끼리를 키우는 입장에서는 쓸모는 없는데 관리 비용은 어마어마하게 들어가는 처치 곤란한 대상이었을 터. 이 때문에 고대 태국의 왕은 자기 마음에 들지 않는 신하에게 일부러 하얀 코끼리를 하사했다고 한다. 막대한 먹이 비용과 관리 비용으로 신하가 파산하도록 한 것이다.●

편의, 재미, 디자인이라는 명목으로 우리 주변에 존재했던 산업들이 사실 지구를 병들게 하는 하얀 코끼리일지도 모르겠다. 보기엔 좋고, 당장은 우리를 편리하게 만들지만 그것들로 발생하는 폐해들은 지금도 점점 쌓이는 중이다.

요즘 나는 무감각하게 소비에 동참함으로써 내가 만들어낸 하얀 코끼리들이 어디 있는지 찾아서 숲으로 돌려보내려고 노력 중이다. 하루에도 몇 번씩 카페에 들를 때마다 귀찮더라도 다스베이더 머리 모양의 애착 텀블러를 챙긴다. 지름신을 소환하는 패션 쇼핑몰 앱을 들여다보기보다 차라리 빈티지 제품에 더 관심을 갖는다. 장을 보러 갈 때는 필수 옵션처럼 낡은 에코백을 챙긴다. 가끔은 용기를 내어 집에서 쓰는 락앤락 용기를 들고 집 근처 식당을 찾기도 한다. 그리고 점원에게 쭈뼛쭈뼛 부탁한다. "저기… 그… 죄송하지만, 여기에 담아주실 수 있나요?"

'이제 와서 챙기는 척하기는…' 하는 힐난과 '그런다고 크게 달라질 것도 없어' 하는 조롱이 지구 중심부에서부터 울려 퍼지는 듯하다. 하지만 우리는 안다. 아무것도 하지 않으면 아무 일도 일어나지 않는다는 것을. 그리고 경험했다. 가끔은 사람들의 작은 움직임들이 모여 큰 변화를 이끌어내기도 한다는 것을. 이미 오래전부터 더 적극적으로 행동하는 사람들이 있고, 제로 웨이스트(Zero waste)를 표방하는 숍이나 일회용 용기가 없는 동네 커피숍들도 속속 생겨나는 중이다. 하얀 코끼리를 돌려보내려는 사람들이 점점 많아지고 있는 것이다. 브랜드들도 마찬가지다. 효율이라는 이름으로 불필요하게 생산됐던 폐기물들을 줄이고 이익을 위해서만 집행했던 마케팅 예산을 하얀 코끼리를 돌려보내는 데 쓰는 브랜드들이 늘었다.

코카콜라(*CocaCola*)는 2025년까지 모든 음료 패키지(병, 캔, 페트 등)를 재활용 가능한 것으로 교체하고, 패키지 생산 시 재활용 원료 사용을 늘리기 위해 노력하고 있으며, 2030년까지 판매하는 모든 음료 패키지를 100퍼센트 수거 및 재활용하는 것을 목표로 한다고 밝혔다. 그리고 옥외 매체에 찌그러진 코카콜라 로고를 광고로 걸었다. 재활용을 위해 찌그러진 코카콜라 캔의 로고 모양을 그대로 따온 것이다. 브랜드 로고는 밀리미터 단위의 섬세한 가이드라인으로 보호받는 존재인데 과감하게 자신들의 로고를 망가뜨려버렸다. 대충의 형태만 봐도 코카콜라 로고임을 인지할 수 있기에 가능한 크리에이티브였겠지만, 이유가 무엇이든 코카콜라는 이 광고를 통해 패키지 재활용에 대한 자사의 의지를 상징적으로 내보이는 동시에 사람들에게 재활용 활동에 동참해달라고 호소했다.

한국의 생수 브랜드들은 잇달아 무(無)라벨 생수 제품을 내놓고 있다.••• 제품 정보를 전달한다는 이유로 당연하게 두르던 비닐 띠를 제거하고 물병에 굴곡을 넣거나 뚜껑에 정보를 기입해 전달하는 방식으로 선회했다. 이를 통해 비닐로 된 라벨 포장재 쓰레기를 줄이고 재활용 과정도 용이하게 바꿨다. 산업 자체를 폐기할 수는 없지만 지구에 쌓일 부담을 조금이나마 덜고자 하는 시도들이다.

사실 브랜드들의 이런 움직임이 지구를 위한 순수한 마음에서 비롯됐다기보다 요즘 소비자들의 마음을 빠르게 읽은 영리한 마케팅이라는 것쯤은 누구나 안다. 하지만 이왕이면 행동하는 브랜드의 제품을 집어 들고 싶어진다. 진심이든 아니든 행동은 변화를 만들어내니까. 사람들의 생각이 바뀌고 작은 습관이 바뀌면 영리한 브랜드들이 기민하게 움직인다. 그리고 시장이 바뀌기 시작하면 비로소 주류가 바뀌게 된다. 그렇게 마케팅은 세상을 바꾸는 데 일조하기도 한다.

- 두산백과 두피디아(www.doopedia.co.kr).
- •• 김수경, '코카콜라는 왜 찌그러진 브랜드 로고를 광고에 내세웠을까?', 〈브랜드브리프〉, 2024년 4월 25일.
- ••• 손지수, '이제는 '無라벨' 시대… 생수부터 음료까지', 〈소비자평가〉, 2024년 1월 14일.

소니의 발걸음으로부터 배운 것

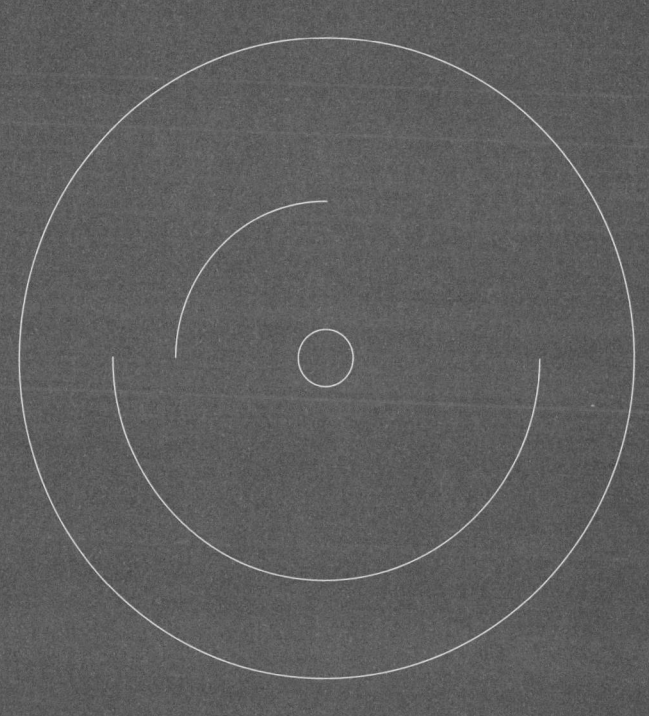

피벗팅

과장을 좀 보태서 말하자면 음악 감상 기기의 흥망성쇠를 인생 전체에 걸쳐 농밀하게 경험한 세대라고 자부한다. 요즘 음악은 스마트폰, 혹은 차 안의 스피커로 듣는 것이며 음악 감상만을 위한 기기는 이제 힙스터들의 전유물처럼 되어버린 듯하다. 하지만 과거의 기억을 쏙 끄집어보면 우리의 인생에는 여러 가지 모양새를 지닌 음악 감상 기기가 늘 함께 해왔다.

 음악 감상 기기에 대한 첫 기억은 아버지의 전축이다. 전축은 기본적으로 *LP*를 재생하기 위한 기기다. 아버지의 전축은 *LP*를 재생하기 위한 턴테이블이 중앙에 위치해 있었고 그 양옆으로 어린 내 키와 비슷한 대형 스피커가 놓여 있었다. 그 외에 동그란 주파수 조절 장치를 돌려 들을 수 있는 라디오 따위가 함께 구성된 제품이었다. 당시 아버지는 풍류를 즐길 줄 아는 사람이었기에 커다란 전축과 함께 수십 장의 *LP*들을 자랑스럽게 쌓아 올려 방 한쪽 벽면에 꽉꽉 채워두셨다. 그리고 이따금 기분이 좋아지면 비틀스, 스틸하트, 도어스의 *LP*를 틀어 들려주곤 하셨다. 당시엔 심장이

울릴 정도로 큰 전축 소리가 너무 과하게 느껴져 아버지의 음악 감상 시간을 썩 좋아하진 않았던 것 같지만, 전축의 *LP* 소리는 내가 경험한 첫 음악에 대한 추억이 됐다.

스스로의 선택으로 음악을 즐기게 해준 것은 소니 워크맨이다. 내가 초등학생이던 시절부터 중학생 초기까지는 카세트테이프리코더의 호황기였다. 조금만 건드려도 금방 망가질 것처럼 예민해 보이고 어디서 파는지도 알기 어려웠던 *LP*에 비해 카세트테이프리코더는 초등학생도 접근 가능한 가벼운 음악 감상 기기였다. 학교 앞 허름한 문방구에만 가도 당시 인기 가수나 어딘가 멋져 보이는 외국 가수들의 카세트테이프를 쉽게 구할 수 있었다. 지금 와서 생각해보면 불법 유통된 테이프도 꽤 많았으리라고 생각되지만. 어찌 됐든 새로운 카세트테이프를 소니 워크맨에 '찰칵' 하고 장전하듯 끼워 넣고 '딸깍' 버튼을 누르면 기분 좋은 파열음과 함께 음악이 흘러나왔다. 수업 시작을 알리는 종이 울리면 늘 교복 안쪽으로 줄 이어폰을 넣어 셔츠 깃 쪽으로 꺼낸 다음 선생님이 보지 못하는 방향의 귀에 꽂고 음악의 세계에 빠져들었다.

카세트테이프 다음은 *CD*의 시대였다. *CD*플레이어는 워크맨보다 곱절은 비쌌던 것으로 기억한다. 카세트테이프리코더에서 CD플레이어로 재빠르게 갈아타 음악을 듣는 친구들은 아이들 사이에서 트렌드 리더 같은 존재로 여겨졌다. 그런 방면에 알 수 없는 경쟁심을 품었던 까까머리 중학생이던 나는 몇 달간 용돈을 모으고 애지중지하던 워크맨까지 친구에게 팔아 겨우 CD플레이어를 손에 넣을 수 있었다. 그때의 CD플레이어도 소니 제품이었다. 다른 브랜드도 CD플레이어를 판매했지만 'SONY'라는 영문 로고가 박힌 제품이 가장 힙해 보이는 시절이던 것이다. 호랑이 담배 피던 시절 이야기다.

  CD플레이어 이후엔 MP3가 득세했다. 어느덧 LP나 카세트테이프, CD처럼 음악을 담아 손으로 만지고 볼 수 있는 그릇은 사라졌다. 음악은 이제 그저 PC 안에 만질 수 없는 파일 형태로만 존재했다. 용돈을 모으고 발품을 팔아야 했던 과거에 비해 이때부터는 원하는 음악을 듣는 게 허무할 만큼 손쉬운 일이 됐다. '소리바다' 같은 사이트에서 듣고 싶은 음악을 검색해 음악 파일을 내려받고, MP3 플레이어 안으로 '복붙' 하면 그만이었다. MP3 시대 초창기에는 돈도 들지 않았다. 원하는 음악을 언제라도 쉽게, 마음껏 들을 수 있었지만 무언가 중요한 것을 잃어버린 것 같다는 생각이 들었다. 그 '무언가'란 아마도 테이프 더미 속에서 보물을 찾아냈던 기억, 라디오 DJ가 틀어주는 음악을 녹음하려고 시작점을 숨죽여 기다렸던 기억, 망가진 CD플레이어를 고쳐보겠다고 드라이버를 들고 아등바등했던 기억 등 이젠 쓸모없어진 기억 같은 것들일 테다.

MP3 이후는 모두가 아는 바와 같다. 파일 형태로 PC 폴더 안에 음악을 소유하던 형태조차 사라지고 그 자리를 스트리밍이 대체했다. 요즘엔 특별한 경우가 아니라면 스마트폰으로 음악을 듣는다. 생각해보면 음악 입장에서는 좀 이상한 시대다.

내가 음악을 가장 좋아했던 시절은 아무래도 카세트테이프의 시대였다. 아버지의 선곡이 아닌 스스로 음악을 찾아 들으며 처음으로 취향이라는 게 생겼던 시기다. 항상 손에 들려 있던 소니 워크맨과 끈끈한 유대감을 형성했던 시기이기도 하다. 나와 같은 올드 보이들은 지금도 소니라고 하면 워크맨을 가장 먼저 떠올릴 것 같다. 지금은 구시대의 유물이 되어버렸지만 소니라는 브랜드의 존재감을 전 세계에 알린 첫 번째 제품이 바로 워크맨이니까.

요즘 친구들에게 소니의 대표 제품은 아마도 플레이스테이션이 아닐까 싶다. 플레이스테이션은 전 세계에서 가장 인기 있는 게임기 중 하나다. 게임을 좋아하는 사람이라면 누구나 플레이스테이션을 마음속 위시 리스트로 품고 있다. 또는 소니 픽처스(Sony Pictures)가 내보내는 수많은 영상 콘텐츠들일 수도 있겠다.

세대가 바뀌고 제품과 서비스의 형태가 달라졌지만 소니라는 브랜드가 주는 인상은 크게 달라지지 않은 듯하다. 이 브랜드는 늘 사람들의 가슴을 두근거리게 하고 소년 같은 꿈을 꾸게 한다. 그런 면에서 소니는 피벗팅(Pivoting)의 귀재가 아닐까 생각해본다.

피벗팅은 끊임없이 변화하는 외부 환경에 대응해 기업이 자신의 사업 방향을 전환하는 것을 말한다. 피벗(Pivot)은 원래 몸의 중심축을 한쪽 발에서 다른 쪽 발로 이동시키는 것을 가리키는 스포츠 용어다. 경제, 산업 영역에서는 단단하게 발 딛고 있던 기존 사업 영역에서 다른 사업 영역으로 과감하게 방향을 전환하는 것을 가리킬 때 이 용어를 쓴다.●

피벗팅을 할 때 무엇보다 중요한 것은 과감한 움직임뿐 아니라 자신의 궁극적 지향점이 어디에 있는지 확인하는 일이다. 지향점을 놓치지 않아야 과감하게 움직이면서도 옳은 방향으로 나아갈 수 있다. 즉, 기업 입장에서는 새로운 사업으로 진출하더라도 절대 달라지지 말아야 할 우리 브랜드의 철학과 비전은 무엇인지 유념해야 한다는 뜻이다. 아무리 사업적 기회가 큰 영역이더라도 그 영역이 기존에 일군 사업과 전혀 상관없거나 브랜드 철학과 부딪히는 영역이라면 피벗팅을 재고할 필요가 있다. 친환경 아웃도어 기업이 갑자기 정유 사업에 진출할 수는 없지 않은가.

소니는 자신들의 업에 대해 이렇게 이야기한다. '*Fill the world with emotion, through the power of creativity and technology*.'** 직역하면 '창의와 기술의 힘으로 세상을 감동으로 채우다' 정도가 되겠다. 소니는 한때 주력 사업이던 가전제품 시장에서 위기를 맞기도 했다. 그러나 최근엔 전기차 시장에 진출하겠다고 선언한 뒤 *CES*(미국가전협회가 주관하는 행사로 매년 미국 라스베이거스에서 열리는 세계 최대 규모의 가전·*IT*제품 전시회) 2024에서 혼다와 공동 개발한 전기차를 공개하기도 했다.*** 확실히 그들은 엎치락뒤치락해왔지만 오랜 세월에 걸쳐 꾸준히 사람들에게 창의적인 영감을 주고 감정을 움직이는 일을 중심으로 피벗팅 중이다. 그것이 워크맨이든 게임기이든 콘텐츠이든.

피벗팅은 산업에만 국한된 개념이 아니다. 우리는 어쩌면 끊임없이 새로운 것을 배우고 진화해야만 살아남을 수 있는 첫 번째 인류가 아닐까 싶다. 한 개인을 둘러싼 환경도 빠르고 비정형적으로 변화하고 있다. 상황이 이렇다 보니 우리는 멈춰 있지 않고 성장하며 더 나은 퍼포먼스를 보이는 사람으로 진화하기를 강요받는다. 때로는 인문학적 소양을 갖춘 인재로, 때로는 데이터 속에서 새로운 인사이트를 발견해낼 줄 아는 인재로, 또 요즘엔 AI 기술을 자유자재로 활용해 일할 줄 아는 인재로 진화하지 못하면 광고업계에서 도태될 것만 같은 불안감에 휩싸인다. 하지만 이럴 때일수록 발밑만 보기보다 고개를 들어 내가 가려던 곳이 어디에 있는지 틈틈이 확인해야 한다. 그래야 잠시 휘청거리더라도 일관되게 나란 사람만이 세상에 전할 수 있는 가치를 잃어버리지 않으리라고 믿는다. 소니가 그랬던 것처럼.

- 매일경제용어사전, 매경닷컴.
- •• 소니 공식 홈페이지, 'Sony's Purpose & Values'.
- ••• 김민성, '소니·파나소닉이 돌아왔다… 한물간 가전 대신 '전기차' 장착', 〈뉴스1〉, 2024년 1월 10일.

시작하면 시작되는 것

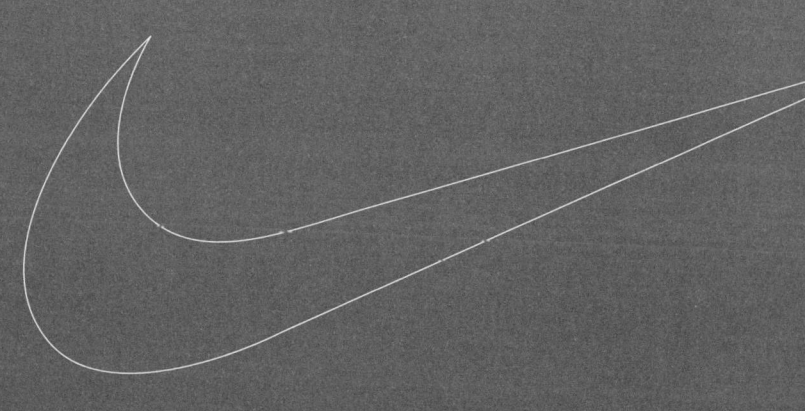

작동 흥분 이론

나이키(Nike)의 날렵한 스우시(Swoosh) 로고에 반해본 적 없는 남자가 세상에 얼마나 있을까? 내 어린 시절에 나이키를 신고 등교하는 것은 그야말로 로망의 한 장면이었다. 전쟁에서 승리하고 돌아온 장군의 등장 같달까. 같은 반 친구가 자랑스럽게 신고 온 나이키 운동화를 힐끔힐끔 쳐다보며 부러워했던 경험을 가진 이들이 아마도 꽤 많으리라고 생각한다.

　적어도 어린아이의 운동 능력에 비추었을 때 기능적으로는 다른 운동화들과 크게 다를 바 없겠지만 나이키 로고가 커다랗게 박힌 운동화는 대체 불가한 핫 아이템이었다. 그 운동화 한 켤레가 가지고 싶어서 부모님에게 떼쓴 끝에 겨우 얻게 된 하얀색 나이키 운동화(가장 베이직한 화이트 에어 포스였던 것으로 기억한다)를 닳고 닳아서 발가락 쪽에 구멍이 날 때까지 신고 다녔던 기억이 난다.

　세월이 흐르고 흘러 이제 나도 어엿한 직장인이 됐다. 더 이상 부모님을 졸라야 갖고 싶은 물건이 생기는 어린아이가 아니다. 원한다면 운동화 하나쯤은 쉽게 살 수도 있는 나이가 되고 나니 이제는 나이키에 대한 관심이 점점 멀어질 줄 알았는데… 더욱 갖고 싶어졌다! 돈 버는 직장인이지만 용돈이 부족한 건 여전한 현실. 비상금을 모으고 리셀(Resell) 사이트나 중고 거래 사이트의 가격 동향을 주시하다가 최저점에 이르렀을 때 하나씩 겨우 사는 유부남의 현실이 서글프다. 결혼 후 첫 생일 때 장모님이 선물로 무엇이 갖고 싶은지 물으셨을 때 쭈뼛거리며 "나이키요!"라고 고백했던 기억은 지금도 부끄럽다. 가능하다면 내 머릿속 가장 어두운 방으로 보내고 문을 잠가버리고 싶다. 출근을 준비하며 신발장 한편을 차지한 에어 조던 1과 덩크 시리즈를 뿌듯하게 바라보다가 문득 세월이 그렇게 지났는데도 난 왜 여전히 아이처럼 나이키에 빠져 있는지 생각하게 됐다.

나이키는 제품도 탁월하지만 마케팅 면에서도 훌륭하다. 나이키 광고는 제품 정보 전달에서 끝나지 않고 늘 보는 사람들의 가슴을 두근거리게 만든다. 당장이라도 밖으로 뛰쳐나가고 싶게 만든다. 경이로운 스포츠 스타의 퍼포먼스를 영화의 한 장면처럼 보여주기도 하고, 평범한 사람들의 위대한 도전을 조명하기도 한다. 스포츠를 전 세계인의 축제로 만들기도 하고, 스포츠계의 뿌리 깊은 문제를 과감하게 꼬집기도 한다.

또 하나, 세월이 흘러도 나이키가 많은 이의 로망인 이유는 오랜 세월 동안 변하지 않는 브랜드 슬로건 영향도 있다. 나이키 광고 끝에 항상 붙는 '*Just Do It*'이라는 이 한마디. 어렸을 때는 나이키 슬로건이 무엇을 말하는 건지 사실 잘 이해되지 않았다. '그냥, 해라, 그것을', 이게 도통 무슨 소리인가. '그냥 하는 게 뭐지?', '뭘 하라는 거지?', '내가 해석을 잘못했나?' 하는 의문들이 꼬리를 물었다. '불가능, 그것은 아무것도 아니다(Impossible Is Nothing)'라고 호기롭게 말하는 아디다스의 슬로건이 더 멋져 보이기도 했다.

하지만 이제는 어렴풋이 알 것도 같다. 우리는 때때로 무언가를 하고 싶다는 마음이 들 때까지 잠자코 기다린다. 운동을 시작하고 싶은 순간, 공부를 하고 싶은 순간, 새로운 도전을 하고 싶은 순간, 내 인생의 방향을 바꾸고 싶은 순간이 찾아오기를 기다리며 시작을 유예한다. 하지만 누적된 인생 경험을 통해 느낀다. 무언가 하고 싶은 마음이 들 때까지 기다려도 그런 순간은 결코 오지 않는다는 걸. 그런 순간을 기다렸다가 시작했을 때는 이미 너무 늦어버렸을 때가 많다는 걸.

나이키의 슬로건 '*Just Do It*'은 '작동 흥분 이론(*Work excitement theory*)'을 닮았다. 정신의학자 에밀 크레펠린(*Emil*

Kraepelin)의 작동 흥분 이론에 따르면 어떤 일을 시작할 때 뇌의 특정 부위가 반응하면서 일에 몰두할 힘이 생겨난다고 한다.• 뭔가를 일단 시작하면 우리 뇌는 시동이 걸리면서 활성화된다. 즉, 일에 몰두할 힘이 생겨서 일을 시작하는 것이 아니라 일단 일을 시작하고 나면 점점 의욕이 생겨서 지속적으로 그 일을 할 힘이 만들어진다. 나이키의 *Just Do It*이라는 한마디에는 단순한 운동이든, 중요한 도전이든 간에 뒤로 미루지 말고 그냥 일단 시작하면 서서히 몰두하게 될 것이고, 그것이 결국 위대한 변화로 이어지리라는 예언 혹은 응원 같은 것이 담겼다. 나이키 슬로건을 고안한 분이 작동 흥분 이론을 염두에 두었을지는 모르겠지만.

업무를 하다 보면 키보드에 가만히 손을 올린 채 모니터를 응시하는 시간이 있다. 이른바 '멍의 구간'이다. 특히 그동안 담당해본 적 없는 영역의 브랜드이거나 마케팅으로 해결하기 어려운 까다로운 문제를 안고 있는 브랜드를 과제로 받아들었을 때일수록 '이야, 이걸 어찌 한담' 하며 선뜻 시작하지 못하는 시간이 길어진다.

'멍의 구간'에 놓였을 땐 노트북을 켜고 파워포인트를 구동시키는 일이 쓰러진 건담을 일으켜 세우는 일만큼이나 버겁게 느껴진다. 이런 시간이 길어질수록 빠른 속도로 의욕은 소각되고 걱정만 늘어간다. '일단 오전 시간 동안은 스케줄을 짜고 점심 먹고 나서 본격적으로 해보자', '책이라도 읽다 보면 뭔가 단초가 떠오르지 않을까?' 하며 핑곗거리는 너무나 손쉽게 생겨난다. 난도 높은 과제를 받은 날, 기획자로서 일하는 하루를 되짚어보면 그런 좋은 핑계를 보호막 삼아 일을 시작할 의욕과 체력이 생겨날 때까지 미루는 시간이 압도적으로 길다. 나 자신과의 싸움에서 늘 일방적으로 얻어터지는 나 자신이다.

그래도 오늘만큼은 내가 사랑하는 나이키 신발 끈을 꽉 동여매고, 호쾌하게 파워포인트를 클릭한다. 뭐라도 시작하면 '작동 흥분'이 발생하리라고 믿으며 스스로에게 이야기한다.

'야! 그냥 해!'

- 강은영, "'작동 흥분 이론' 기계처럼 반복하기', 〈한국강사신문〉, 2022년 8월 5일.

올드 브랜드 찬가

언더독 효과

글을 쓰거나 아이디어에 골몰할 때 '어떤 도구가 눈앞에 놓여 있는가'는 상당히 중요한 문제라고 생각한다. 머릿속에 떠오르는 무형의 파편들을 그러모아 옮겨 적고, 시각화하고, 구조화하는 과정에서 그 도구는 일정 부분 완성도에 영향을 미치기 때문이다.

가령 눈앞에 새하얀 A4 용지와 4B 연필이 놓여 있다고 가정해보자. 무언가 머릿속에 떠오르면 왼쪽 상단의 빈 공간부터 시작해 '사각사각' 이야기를 적어나가기 시작할 것이다. 그러다가 문장이 바뀌거나 이야기의 챕터가 넘어가면 다음 줄로 내려가 계속 이야기를 써나가는 식으로 작업은 진행된다. 도구로서 종이와 연필은 자유롭다. 차근차근 아래로 글을 써가다가 돌출적으로 파생된 잡다한 아이디어들은 옆으로 화살표를 '스윽스윽' 그어 따로 적어놓는다. 뭔가 잘못된 길로 가고 있다 싶으면 지우고 다시 적을 수도 있다. 다만 자유로움의 강도가 지나치면 생각이 고스란히 전달되지 않는, 추상적이고 복잡한 결과물을 낳을 수도 있다.

이번엔 눈앞에 노트북이 놓여 있고 화면에 메모장이 띠

워져 있다고 생각해보자. 무언가 떠오를 때까지 깜빡이는 커서를 노려본다. 그리고 생각의 물꼬가 트이면 키보드를 쳐나가기 시작한다. '타각타각' 키보드 소리는 경쾌하고 연필로 '꾸욱꾸욱' 눌러쓰는 작업보다 한결 가볍다. 하지만 메모장은 자유로움이라는 면에서는 부족하다. 엄격한 가이드를 가진 감독관에 가깝다. 좌에서 우로, 그다음 위에서 아래로만 나아갈 수 있다. 잡다한 생각을 끼워 넣기보다는 떠오른 생각의 정수만 뽑아 차근차근 적어나간다. 그렇기에 자유롭진 않지만 작업을 마치고 나면 한결 정돈된 결과물로 정리되어 있다.

쓰는 도구로 오랜 기간 '몰스킨(Moleskine) 노트'를 애용해왔다. 새해가 되거나 기존 노트가 수명을 다하면 늘 몰스킨의 검은색 소프트 커버 클래식 노트를 구입했다. '다른 노트류에 비해 몰스킨 노트가 기능적으로 어떤 부분에서 우월한가?'라고 묻는다면 뭐라고 답해야 할까? '커버는 부드러우면서도 견고해 흠집이 잘 나지 않고 이니셜 각인도 가능하며 종이 두께감이 적당해서 펜촉이 경쾌하게 나아가고 빈 뒷면을 쉬이 침범하지 않는다'라고 대답할 수도 있겠지만 그건 아닌 것 같다. 그보다는 '느낌적인 느낌'의 영역이랄까.

몰스킨 노트는 헤밍웨이, 피카소, 반 고흐 등 과거의 유명한 소설가와 화가들이 써온 노트로 알려졌다. 몰스킨 브랜드 담당자는 아마도 이런 매력적인 유산을 적극적으로 활용했으리라. '헤밍웨이가 소설을 집필할 때 들고 다녔던 노트', '피카소가 아이디어를 스케치했던 노트'라는 연상 이미지를 만들어갔을 테다. 그 결과, 몰스킨은 예술적 감수성 높은 사람들이 번뜩이는 영감을 떠올렸을 때 '슥슥' 글을 적거나 스케치하는 노트의 대명사처럼 포지셔닝됐다.

최근 알게 된 사실이지만 몰스킨 하면 떠오르는 이런 이야기는 실제 사실과 조금 거리가 있다고 한다. 몰스킨은 비교적 최근인 1990년대에 설립된 이탈리아 브랜드다. 몰스킨은 원래 '두더지 가죽'이라는 뜻이라고 한다. 19세기 파리 장인들은 천을 이용해 두더지 가죽처럼 만든 재료로 수첩을 만들어 팔았는데 20세기 파리에 머물던 예술가들이 이런 류의 수첩을 사용했던 것이 그 시초로 알려졌다.* 지금의 몰스킨 브랜드 제품을 과거 유명한 예술가들이 썼다는 이야기는 사실 정확히 맞지는 않는 이야기인 셈이다.

그럼에도 불구하고 몰스킨 노트를 쓰면 과거 예술가의 포스(Force)**가 함께하는 것만 같은 착각이 든다. '아직 쓰이지 않은 책(Unwritten book)'이라는 브랜드 스스로의 규정처럼 몰스킨에 쓰이는 글이나 낙서들은 왠지 한 권의 책, 혹은 위대한 아이디어의 시발점이 될 것처럼 느껴진다. 그 포스에 힘입어 지난 세월 나의 몰스킨 또한 비루하지만 예술 작업 비슷한 용도로 사용됐다. 지루한 회의 시간에 노트 한 귀퉁이에 마음에 안 드는 상사의 얼굴을 아이콘화해 그리기도 하고, 제출 기한이 임박한 과제를 위한 처절한 고민을 꾹꾹 눌러 담기도 했다. 퇴사 후 세계여행을 감행했을 때는 베스트셀러 여행 작가가 되겠다는 목표로 여행지에서의 하루하루를 기록하는 용도로 쓰기도 했다. (물론 그 여행기가 책으로 나오는 일은 일어나지 않았다.) 마지막 장까지 다 쓴 후에도 똑같은 몰스킨을 계속 구입했다. 그리고 매일 떠오르는 잡다한 생각과 입 밖으로 낼 수 없는 이야기들, 세상을 바꿀 거라 믿어 의심치 않는 장대한 계획들을 적어댔다.

지금 시대에 몰스킨과 같은 아날로그 문구들은 철저하게 언더독(Underdog)이다. 아이패드와 같은 디지털 기기에게 그 자리를 한 움큼 내어준 지 오래다. 아이패드는 확실히 몰스킨보다 다재다능하다. 펜이 없을 때도 아이디어를 적어 넣을 수 있고, 글을 끄적이다 지루해지면 넷플릭스를 볼 수도 있다. 장수에도 제한이 없으며 지우고 복사하고 확대하고 줄일 수도 있다.

다행히 기능 면에서 압도적인 디지털 기기들의 파도 속

에서도 몰스킨은 실력 좋은 서퍼처럼 유연하게 시대를 헤쳐나가는 중이다. 수첩에 적은 필기를 스마트폰으로 촬영해 온라인에 공유하는 앱이나 노트에 손으로 그린 그림을 스마트폰 앱으로 옮긴 후 작업을 이어서 할 수 있는 서비스를 개발하는 등 아날로그의 가치를 중심에 두고 디지털의 편의성을 더한 시도들을 계속해오고 있다. 그 결과, 몰스킨은 디지털 시대에도 사랑받는 아날로그 노트로 자신만의 자리를 지켜냈다.•••

아날로그 시대에 반쯤 다리를 걸쳤던 올드한 사람이어서 그런 걸까? 경쟁에서 약자를 더 응원하게 되는 '언더독 효과(*Underdog effect*)'••••처럼 성능 면에서 약자인 아날로그 브랜드들이 오래오래 살아남길 응원하게 된다. 전기의 힘으로 살짝만 밟아도 가속도가 붙는 전기 자전거보다는 온전히 허벅지 힘으로만 나아가는 오리지널 자전거가 더 많이 사랑받기를, 사라져가는 필름 사진 현상소가 오래도록 그 자리를 지키기를, 버벅거리면서도 *LP*로만 음악을 틀어주는 낡은 동네 바가 오래오래 번창하기를 응원하게 된다.

쓰는 도구도 마찬가지다. 나는 아이패드 유저이지만 여전히 몰스킨을 함께 쓴다. 그저 언더독 효과 때문만은 아니다. 사각거리는 펜 소리, 지울 수 없는 낯부끄러운 이야기들,

쓰는 당시 느낀 감정의 농도만큼 깊게 팬 펜 자국···. 만능의 디지털 도구가 결코 가질 수 없는 그런 것들을 아날로그의 몰스킨은 여전히 가지고 있으니까. 디지털 시대에도 쓰는 도구 몰스킨의 경쟁력은 충분하다.

- 이재원, '피카소와 헤밍웨이라는 스토리', 〈티타임즈〉, 2020년 6월 24일.
- ●● 〈스타워즈〉 세계관 속 눈에 보이지 않는 에너지를 일컫는 말이다.
- ●●● '디지털 시대에도 잘 팔리는 노트, 몰스킨이 지켜낸 가치는', 〈중앙일보〉, 2023년 3월 15일.
- ●●●● pmg 지식엔진연구소, 《시사상식사전》, 박문각.

AI가 도달할 수 없는 인류의 무기

모라벡의 역설

AI 때문에 다들 난리다. 챗GPT(ChatGPT)의 등장이 불을 지폈다고 봐야겠다. 사실 AI라는 이름을 단 서비스들은 과거에도 이미 많이 존재해왔다. 하지만 대부분은 고객 응대용 챗봇처럼 큰 임팩트가 없거나 알파고처럼 화려하지만 평범한 사람의 일상에까지 큰 영향을 미치지는 못하는 기술들이었다. 하지만 챗GPT의 등장은 과거의 AI들과 달리 많은 사람에게 앞으로 생활과 일에 AI가 아주 깊숙이 영향을 미치리라는 뚜렷한 예감을 갖게 만드는 사건이었다.

 보고서 작성을 위한 마케팅 사례를 구글링하려다가 그 대신 챗GPT에게 한번 물어보았다. '최근에 한국에서 진행된 에코 마케팅 사례를 알려줘.' 5초도 채 지나지 않아 챗GPT는 다섯 가지 사례를 줄줄이 뽑아냈다. 그중 일부는 너무 뻔한 사례라 써먹기 어렵지만 그렇다 하더라도 엄청나게 빠른 속도다. 같은 양의 사례를 내가 직접 찾아야 했다면 최소한 두세 시간은 걸렸을 것이다. 다시 한번 새로운 질문을 해봤다. '최근 미국 시장에서 친환경 제품을 출시한 가전 브랜드들을 알려줘.' 역시 순식간에 주요 가전 브랜드의 제품들과 구체적인 기능까지 읊어준다.

'이거 진짜 편하잖아?' 하는 생각과 동시에 불안감이 엄습한다. 아직까지는 챗GPT가 제공하는 정보의 정확도에 대한 의문이 있는 듯하지만 계속해서 디테일이 보완된 상위 버전이 금방 출시될 것이다. 사람이 검색하는 속도보다 빠른 것은 물론이고 정확도까지 높은 데다 사용 비용까지 저렴한 AI가 등장한다면 나와 같은 직장인의 쓸모는 그만큼 줄어들지 않을까? '아이고' 하는 곡소리가 절로 나온다. 다른 회사와 경쟁하는 것도 모자라 이제는 AI와 겨루게 생겼다. 실제로 AI를 이용해 마케팅용 카피를 생성하는 서비스들이 등장했고 디자인 영역에서 AI 활용은 꽤 익숙한 일이 됐다. 먼 미래에나 일어날 줄 알았던 'AI가 인간의 일자리를 빼앗아가는 세상'이 이제 손을 뻗으면 닿을 거리까지 온 것이다.

그렇다면 인간이 AI보다 월등한 부분은 없는 걸까? 한때 AI는 결코 인간의 예술적 감각을 따라올 수 없으리라는 예상이 지배적이었다. 하지만 최근 AI의 퍼포먼스를 보면 꼭 그렇지만도 않은 것 같다. 미국 콜로라도 주립 박람회 미술 대회에서 디지털 아트 부문 우승작으로 '스페이스 오페라 극장'이라는 작품이 선정됐는데, 이 작품의 출품자인 제이슨 앨런(*Jason M. Allen*)은 이 작품을 AI 프로그램 미드저니

(Midjourney)를 이용해 제작했다고 밝혀 작품 가치에 대한 논쟁을 불러일으켰다.● 아르헨티나 예술가 안드레스 레이싱헤르(Andrés Reisinger)는 AI 디지털 아티스트로서 AI 기술을 활용해 기존에 없던 몽환적이고 오묘한 작품 세계를 선보인다.●● AI가 만들어낸 작품의 예술성과 그 가치에 대한 논란은 여전하지만 적어도 테크닉 측면에서는 마냥 무시할 수 없는 경지까지 올라온 상황이다.

선천적 비관론자인 나의 머릿속은 더 빡빡한 미래의 경쟁 상황을 그리기 바빠졌다. 결국 이렇게 AI에 자리를 양보해야 하는 것인가? 아니다. AI는 뛰어나지만 기술이 발전한다 해도 AI가 결코 따라잡을 수 없는 인간만의 무기가 있다고 나는 믿는다.

길고 길었던 여름이 물러가고 선선한 가을바람이 불어오던 날, 광화문 교보문고로 향했다. 길을 걷다가 문득 건물 외벽에 큼지막하게 자리 잡은 글판을 올려다보았다.

> 우물 속에는 달이 밝고
> 구름이 흐르고 하늘이 펼치고
> 파아란 바람이 불고
> 가을이 있습니다.

광화문 글판이 고요하게 말을 건넸다. 윤동주 시인의 〈자화상〉 중 한 구절이라고 한다. 마치 길을 오가는 사람들에게 나도 가을을 오래 기다려왔노라고, 여름을 이겨내느라 고생 많았다고 인사를 건네는 것 같았다.

광화문 글판은 광화문을 오가는 시민들에게 좋은 글귀를 소개하자는 교보생명 신용호 창립자의 제안으로 1991년 시작됐다. 그리고 그때부터 1년에 네 번씩 사람들에게 새로운 글귀를 소개해왔다. 시나 명언 등에서 발췌하기도 하고 BTS 같은 가수의 노래 가사에서 가져오기도 한다. '나뭇잎이 벌레 먹어서 예쁘다', '올 여름의 할 일은 모르는 사람의 그늘을 읽는 일', '봄이 부서질까 봐 조심조심 속삭였다' 등의 구절은 때로는 계절을 기대하게 하고, 때로는 영감을 주고, 때로는 위로를 보냈다. 늘 그 자리에서 수많은 계절을 거치며 말을 건넸다. 떠들썩한 마케팅은 아니지만 광화문 글판은 분명 사람들이 교보생명과 교보문고라는 브랜드의 인상을 따뜻하고 친근하게 떠올리고 브랜드의 존재감을 규모 있게 만드는 데 큰 기여를 하고 있으리라 생각한다.

인간에게 어려운 일이 컴퓨터에게는 쉽고 반대로 인간에게 쉬운 일이 컴퓨터에게는 어려운 상황을 두고 '모라벡의 역설(Moravec's paradox)'이라고 한다. 미국 로봇공학자 한

스 모라벡(Hans Moravec)이 '어려운 일은 쉽고, 쉬운 일은 어렵다'라는 표현으로 컴퓨터와 인간의 능력 차이를 역설적으로 표현한 데서 유래했다.[***]

광화문 글판을 올려다보면서 생각했다. 모라벡의 역설이 말하는, AI가 절대 도달할 수 없는 인간만의 영역은 아마도 '위로'이지 않을까 하고. 우리는 의식하든 의식하지 않든 늘 소중한 사람에게 다정한 말을 건네며 살아간다. 마치 그렇게 말하는 행동이 기본값으로 설계된 듯이. 상대방에게 관심을 기울이는 능력, 상대방의 입장이 되어보는 인간 특유의 능력이 적재적소에서 다정한 말을 건넬 수 있게 한다. AI가 아무리 발전한다 한들 별것 아닌 말 한마디로 누군가의 마음에 꽃을 피울 수 있을까? AI는 결코 건넬 수 없는 다정한 위로는 시간이 지나도 인간만이 지닌 최후의 무기일 것이다. 그리고 이 무기를 잘 활용한다면 AI와는 다른 인간만의 존재 가치를 더욱 단단하게 만들어갈 수 있으리라. 이 글을 쓰는 2024년 가을, 아직 인류에게 희망은 있다.

- [*] 한정희, 'AI가 그린 그림, 미술전 1등? … 논란이 되고 있는 작품 '스페이스 오페라 극장'', 〈AI라이프경제〉, 2022년 9월 6일.
- [**] 하지영, '현실을 초월하는 미의 창조자, AI 아티스트 안드레스 레이싱헤르', 〈디자인플러스〉, 2024년 7월 4일
- [***] '모라벡의 역설', 〈단비뉴스〉, 2022년 12월 27일.

아름다움은 어디에서 오는가

로젠탈 효과

밤이 되면 생각의 똬리가 우주 끝까지 뻗어나가는 타입의 인간이다. '좀비 무리가 창궐한다면 어디에 숨는 것이 가장 안전한가?' 같은 쓸데없는 공상부터 '내가 하고 있는 일이 세상에 긍정적 영향을 1퍼센트라도 미치고 있는가?' 같은 실존적 고민까지 주제도 다양하다. 어느 밤에는 문득 '아름다움은 어디에서 오는가?'에 대해 생각한 적이 있다. 아름다움은 일단 DNA의 문제다. '아름답다'라는 평가를 이끌어내려면 우선 기본적으로 미의 외적인 조건을 가지고 태어나는 것이 필수이기 때문이다. 가령 큰 키라든가, 커다랗고 또렷한 눈, 오뚝한 코 같은 것들 말이다. 여기서 의문이 발생한다. 그렇다면 DNA만이 아름다움을 만드는 전부인가? 만약 누군가 '그렇다'라고 대답한다면 개인적으로 굉장히 서운해질 것만 같다. 나라는 유기체는 그런 DNA를 전혀 포함하고 있지 않으므로.

타고난 DNA 외에도 아름다움을 만드는 요소는 더 많다. 자신을 소중하게 가꾸는 노력, 타인을 대하는 태도, 내면을 채우고 있는 철학 같은 것들이 모여 총체적인 인간의 아름다움을 만들어낸다. 또 한 가지 중요한 요소는 자신감이다. 자신감은 아름다움을 키우는 필수 자양분이다. 우리는 간혹 특별히 아름답다고 말할 수 없는 외모를 가졌지만 누구보다 완벽한 존재인 양 행동하는 사람들을 보곤 한다. 그런 사람들을 만나면 나도 모르게 그 사람이 뿜어내는 긍정 에너지에 수긍해버리고, 외적인 조건과 상관없이 '정말 아름다운 사람이구나' 하고 감탄사를 내뱉게 된다.

자신감은 내면에서 피어나기도 하지만 외부로부터 주입받는 편이 더 효과적이다. 타인의 지지는 자신감을 키우는 '로젠탈 효과(Rosenthal effect)'를 불러일으킨다. 로젠탈 효과는 칭찬의 긍정적 힘에 대한 심리학 이론 중 하나다. 하버드 대학교 심리학과 교수였던 로버트 로젠탈(Robert Rosenthal)은 한 초등학교에서 몇 명의 학생 명단을 무작위로 뽑은 뒤 담당 교사들에게 지능지수가 높은 학생들이라고 귀띔해줬다. 몇 달 후 그가 다시 조사해보니 지능지수가 높다고 이야기했던 학생들이 다른 학생들보다 평균 점수가 높았다고 한다.* 지능지수가 높아 학업 성취도가 우수하리라는 교사의 기대는 관심과 격려로 이어졌고, 그런 긍정적 지지를 받은 학생들이 교사의 기대에 부응하고자 열심히 노력하며 선순환의 고리가 생겨난 결과다. 결국 타고난 지능지수가 아닌 교사의 긍정적 시선과 칭찬이 학생의 성적을 끌어올린 셈이다.

부모님의 사랑을 듬뿍 받고 자란 사람이나 애정 표현을 잘하는 연인과 오래 만나온 사람들이 유독 자신감 넘쳐 보이는 이유도 같은 맥락이다. 가까운 이의 끊임없는 지지를 통해 내면의 자신감이 커져가고 그것이 단단해져 아름다운 한 사람을 지탱하는 뼈대를 만들어낸다.

사람들에게 로젠탈 효과를 불러일으키는 브랜드를 꼽으라면 나는 단연 도브(Dove)가 떠오른다. 도브는 비누나 바디워시와 같이 화장을 지워내는 제품들을 주로 다루는 브랜드다. 그런 그들의 업과 맞물려 꾸며진 아름다움이나 남들에게 평가받는 아름다움이 아닌 진짜 아름다움을 이야기하는 '리얼 뷰티(Real beauty)' 캠페인을 꾸준히 전개해오기로 유명하다.

2013년 제작된 영상 'Dove Camera Shy(도브 카메라 샤이)'는 화장기 없는 자신의 얼굴을 누군가 촬영하려고 할 때 고개를 돌리거나 손으로 얼굴을 가리는 여성들의 모습을 포착했다. 그리고 그녀들의 모습을 어떤 모습이든 간에 개의치 않고 환한 미소로 카메라를 바라보는 어린아이들의 모습과 대비시키며 '언제부터 자신이 아름답지 않다고 생각하게 됐는가?(*When did you stop thinking you're beautiful?*)'라고 묻는다.••

또 2021년 제작된 영상 '*Reverse Selfie*(리버스 셀피)'는 SNS에 올라온 아름다워 보이는 여성의 사진과 그 모습에 대한 찬사 어린 댓글들을 보여주며 시작한다. 그리고 시간을 거꾸로 돌려 그 사진이 과도한 보정 과정을 거쳐 완성된 한 소녀의 사진임을 보여주며 '소셜 미디어의 압력이 그녀들의 자존감을 해치고 있다(*The pressure of social media is hurting our girls' self-esteem*)'라고 경고한다.•••

전 세계가 코로나 바이러스와 싸우던 시점에는 마스크 자국으로 엉망이 되어버린 의료진들의 얼굴을 날것의 사진으로 보여주며 바이러스와 싸우는 용기야말로 진짜 아름다움(*Courage is beautiful*)이라고 말하며 의료진들에게 헌사를 보낸다.••••

도브는 획일화된 외적 기준에 맞춘 아름다움을 지향하기보다 한 사람 한 사람이 이미 지닌 본연의 아름다움을 발견하도록 끊임없이 강조한다. 그런 마케팅 활동을 통해 도브를 찾는 전 세계 고객들에게 자신감을 불러일으키고 그들 스스로 아름답다고 느끼도록 응원한다.

아름다움에 대한 야심한 밤의 망상을 잠시 접고 옆을 바라보니 아내와 아이가 새근새근 잠들어 있다. 아이에게는 매 순간 칭찬과 감탄을 멈추지 않는 요즘이지만 아내에게 그런 칭찬을 건넨 게 언제인지 까마득하다. 아내는 요즘도 지극히 평범한 아저씨인 나에게 칭찬을 아끼지 않는다. "내 남편 진짜 멋있어" 하는 아내의 칭찬을 들으면 괜히 어깨가 올라가고 진짜 멋진 사람이 된 것 같은 긍정적 착각에 빠진다. 아내의 꾸준한 칭찬들은 아름다움의 DNA라고는 전혀 없는 나를 좀 더 멋진 사람으로 만들어준다.

아내가 불러일으킨 로젠탈 효과는 쓸모없는 자아도취에만 머물지 않는다. 아름다운 사람까지는 아니지만 내가 꽤 괜찮은, 나쁘지 않은 사람이라는 적당한 자아도취는 일을 대할 때도 자신감으로 이어진다. 사회생활도 결국 기세다. 로젠탈 효과라는 버프 없이 철저히 객관화된 자신으로만 사회생활을 한다면 지나치게 소극적으로만 행동했으리라. 그렇지 않아도 적극적이지 못한 내가 사람들 앞에서 소라게처럼 움츠러드는 평행 세계를 상상하니 더욱 아내가 고맙게 느껴진다.

그러니 주위에 더 잘되길 바라는, 자신감 없는 동료나 친구가 있다면 그의 작은 아름다움을 발견하고 크게 칭찬해보길 권한다. 꼭 외적인 아름다움을 칭찬할 필요는 없다(그것을 지양해야 하는 시대이기도 하고). 회의 시간에 늦지 않으려고 5분 전에 입실하는 성실함에 칭찬을, 상대방의 작은 변화를 눈치채고 먼저 말 걸어주는 눈썰미에 칭찬을, 그것도 아니라면 파워포인트 문서의 강박적인 자간 조절 맞춤이라도 칭찬하도록 하자. 비록 마음속으론 그의 아름다움에 격하게 공감하진 못하더라도 무턱대고 칭찬하다 보면 서서히 자기가 지닌 아름다움을 믿어가고 진짜 아름답게 변해가는 한 사람을 목도하게 될 테니. 그리고 그건 꽤나 멋진 광경일 것입니다.

- 한경 경제용어사전, 한경닷컴(http://dic.hankyung.com).
- 'Dove Camera Shy', 유튜브 채널 Ogilvy Asia, 2013년 7월 17일.
- 'Reverse Selfie: Social Media's Impact on Girl's Self-Esteem', 유튜브 채널 Dove US, 2021년 4월 20일.
- 'Courage is Beautiful', 유튜브 채널 Dove US, 2020년 4월 8일.

닮고 싶은 브랜드

카멜레온 효과

"이번 역은 당산, 당산역입니다. 내리실 문은 오른쪽입니다."

"당산은 나의 동반자, 영원한 나의 동반자~♪"

지하철을 타고 가다가 미묘하게 바뀐 가사에 흠칫 놀라 옆을 바라보니 아내가 히죽거리며 노래를 흥얼거리고 있었다. 가수 태진아의 대표곡 〈동반자〉의 유명한 후렴구 '당신은 나의 동반자'를 당산역에 도착하자 그에 맞춰 가사를 바꿔 노래를 부른 것이다. '당신'을 '당산'으로 바꿔 부른 말장난. 이른바 '아재 개그'다. 연애 시절 나는 아내에게 이런 류의 아재 개그를 종종 시도했다.

"물은 셀프, 군만두는 서비스, 그럼 물만두는? 셀프서비스! 푸하하하!"

이런 개그를 시도할 때마다 그녀는 한심하다는 눈빛으로 날 지그시 바라보곤 했다. 아재 개그에 경멸의 눈빛으로 답했던 그녀. 그랬던 그녀가 결혼 후 몇 년 만에 아재 개그에 전염되어버렸다. 누가 들을세라 일단 침착하게 그녀를 다독여봤다.

"이런 말장난은 나랑 있을 땐 해도 괜찮은데 회사 가서는 하면 안 돼. 알겠지? 이상한 사람이라고 생각할 거야."

"이상한 사람? 나 치아 멀쩡한데? 푸하하하~"

아, 아내는 생각했던 것보다 더 아재 개그의 매력에 푹 빠져버렸나 보다.

아내가 아재 개그에 빠져버린 것은 아마 카멜레온 효과(Chameleon effect) 때문일 거라고 생각했다. <u>카멜레온 효과는 주변 환경에 맞춰 피부색을 바꾸는 카멜레온처럼 함께 있는 상대방의 행동을 무의식중에 따라 하거나 자신과 비슷하게 행동하는 사람을 더 신뢰하는 현상을 말한다.</u>• 부부로 오랜 시간 함께 지내다 보면 서로의 말버릇이나 행동 패턴을 점점 따라 하게 되는 것처럼 말이다. 카멜레온 효과는 비단 부부나 친구 관계에서만 발생하지 않는다. 잘 생각해보면 브랜드와 그 브랜드를 추종하는 팬 사이에서도 카멜레온 효과가 발생한다.

'피식' 웃음이 나는 광고와 굿즈들로 사람들과 소통하는 배달의민족, 그리고 배달의민족의 팬임을 자청하는 '배짱이'들은 점점 닮아가는 듯하다. 배달의민족 앱에 올라온 리뷰들을 보면 맛이나 서비스에 대한 정확한 설명보다는 개그 욕심이 우선인 유저들이 종종 보인다. 음식을 주제로 한 짧은 시를 모집하는 '배민신춘문예'를 봐도 배달의민족만큼

팬들의 '드립력'이 만만치 않음을 확인할 수 있다. 배달의민족이 퍼뜨리는 묘한 웃음 코드를 팬들이 자발적으로 따라 하고 변주하며 하나의 놀이 문화를 만들어간 사례다.

최근에는 그런 사례들이 잘 눈에 띄지 않지만 간혹 어떤 브랜드의 광고 메시지가 사람들이 따라 하는 밈이 되는 경우도 있다. '모두 부자 되세요'라고 말한 한 카드사의 광고 카피가 사람들 사이에서 덕담처럼 퍼져나가거나(호랑이 담배 피우던 시절의 이야기다) '노담'이라는 금연 캠페인 키워드가 '비흡연자'의 대체어처럼 불리게 된 것처럼 말이다.

광고 메시지가 사람들 사이에서 유행처럼 회자되는 일은 브랜드로서 두 팔 벌려 환영할 일이다. 매체에 들인 비용의 곱절에 달하는 광고 효과를 사람들이 자발적으로 만들어주니 말이다. 그러므로 광고 메시지를 설계할 때 어떤 포인트가 사람들에게 카멜레온 효과를 불러일으키는지 고민해보는 것도 나쁘지 않다고 생각한다. 물론 밈이 되길 작정하고 설계한 광고가 의도대로 밈이 되는 경우는 아주 흔치 않지만.

이제는 팬이라고 하기엔 거의 지구를 점령해버렸지만 애플(*Apple*)과 애플 팬들의 관계도 마찬가지다. (애플 기기들이 대중화하기 시작한 브랜드 초창기만 하더라도) 애플 사용자들은 남다른 창의성을 가진 사람처럼 비쳤고 사용자 자신도 그 시선에 맞춰 변하고자 하는 의욕에 불탔다. '*Think Different*(다르게 생각하라)'라는 철학처럼 애플을 좋아하는 사람들은 그 자신이 크리에이터이든 아니든 간에 '남들과는 다름'을 추구하는 사람에 빙의했다. 아이패드를 들고 좀 더 남다른 창작물을 만들어내려 골몰하고 아이폰을 들고 예술적 찰나의 순간을 담아내려 노력했다. 한 브랜드에 대한 애정이 그 브랜드가 추구하는 가치를 닮아가도록 만든 것이다.

그래서 카멜레온 효과라는 관점에서 보면 브랜드의 역할이 좀 달라 보이기도 한다. 브랜드는 단지 상품이나 기업을 대표하는 이미지 덩어리에 불과한 게 아니다. 브랜드는 현실을 살아가는 실제 사람들에게 그 브랜드만이 지닌 특유의 웃음과 영감을 주고 사용자로 하여금 의욕에 불타게 만들어 그들의 삶에 영향을 미친다. 그러므로 브랜드는 자신이 던지는 메시지와 행동이 사람들에게 어떤 영향을 미칠지 조금은 책임감을 가지고 생각할 일이다.

돌이켜보면 나 또한 아내에게 배우고 닮게 된 것들이 참 많다. 아내는 나와 정반대 성향을 가진 사람이다. 저돌적 실행파이고 슈퍼 발랄 외향형이며 은유 따위 쓰지 않는 돌직구 스타일을 추구한다. 그런 그녀와 함께하며 계획만 세우는 대신 일단 실행하고 부딪히기, 어려운 일이 있을 때 혼자 끙끙거리기보다 주변에 물어보고 도움을 구하기, 좋으면 좋다 싫으면 싫다 솔직하게 표현하는 법을 배웠다. 아내는 나에게 이렇게 건강한 삶의 방식을 가르쳐주었는데, 내가 그녀에게 준 것이라고는 고작 아재 개그뿐이라니. 미안하기도 하고 웃기기도 한 복잡한 감정에 휩싸인다. 아이가 부모의 행동을 보고 배우듯, 부부도 평생 서로로부터 배우고 닮아가는 존재이기에 이제부터라도 아재 개그는 좀 자제하고 모범적인 남편의 모습을 선보이기로 다짐해본다람쥐.

- '나랑 비슷한 행동을 하는 사람이 좋아! 카멜레온 효과', 스쿨잼 네이버 블로그, 2020년 4월 27일.

엄마의 확고한 믹스 커피 취향

뮌하우젠 증후군

어머니가 퇴직했다. 환갑을 맞이함과 동시에 그동안 몸담았던 직장에서 은퇴하셨다. 매일 바쁘게 사람들과 부대끼며 지냈던 어머니는 휑뎅그렁한 시골집에서 긴 시간을 보내게 되셨다.

 내가 중학생일 무렵, 그러니까 전학 간 학교에 적응하지 못하고, 괴롭힘 비슷한 것을 당하고, 워크맨을 가지고 싶어 하고, 지나치게 철이 없었던 그 무렵, 그전까지 전업주부였던 어머니는 아마도 계획에 없었을 사회생활을 시작하게 됐다. 처음엔 마늘 까기, 인형 눈알 붙이기 등 잡다한 일들을 전전하던 어머니는 어느 날부터인가 멀리 버스를 타고 나가야 하는 요리 학원에 다니기 시작했다.

 '엄마가 요리 학원에 다니면 맛있는 요리를 먹을 수 있게 되는 건가?' 하는 철없는 생각을 떠올리기도 했지만 그런 일은 일어나지 않았다. 대신 어머니는 얼마 후부터 근처 초등학교에서 조리사로 근무하기 시작했다. 영양사가 짜준 식단에 맞춰 전교생이 먹을 점심 식사를 만드는 일이었다.

 그렇게 20년 가까이, 그러니까 철없는 아들이 사춘기를 겪고, 바득바득 우겨 사립 대학교에 가고, 겨우 취업해 어엿한 직장인으로 자리를 잡고, 한 여자를 만나 결혼하는 동안 어머니는 조리사라는 이름으로 묵묵히 일해왔다. 어느 날 퇴직한 어머니에게 물었다.

"이제 학교도 안 나가고 하루 종일 심심해서 어떡해?"

"나 할 일 많아. 뒷마당에 텃밭도 가꿔야 하고 큰아들도 키워야 하고."

어머니는 웃으며 대답했다. 물론 '큰아들'은 아버지를 말한다.

아내가 처음 우리 집에 인사하러 온 날, 어색한 분위기를 깨고자 오래된 앨범을 함께 본 적이 있다. "진짜 못생겼었네", "이 정도면 훈남이지" 하며 어린 시절의 나를 너듬는 사이 문득 '그 시절의 나는 예쁜 옷을 참 많이 입었구나'라는 생각이 들었다. 얼핏 보기에도 시장 좌판에서 막 고르지는 않았을 것 같은 형형색색의 옷들.

그런 어여쁜 옷을 입고 활짝 웃고 있는 사진 속 어린아이는 남들보다 불우한 어린 시절을 보냈다고 생각했던 내 머릿속 어린아이와는 많이 달랐다. 누군가와 어린 시절에 대해 이야기할 때면 나는 가난한 어린 시절을 보냈다고, 그때 마음껏 누리지 못해서 지금이 행복하다고, 힘들었지만 잘 이겨낸 것 같다고 이야기하곤 했다.

심리학 용어 중 뮌하우젠 증후군(Münchausen syndrome)이라는 것이 있다. 폰 뮌하우젠이라는 18세기 독일 군인이 거짓 무용담을 지어내 사람들을 속인 사건에서 유래한 말이다. 우리는 종종 부모의 관심을 끌기 위해 일부러 크게 아픈 척하는 어린아이나 대단한 일을 해낸 것처럼 과거의 경험을 부풀려 이야기하는 사람들을 목격하곤 한다. 이처럼 사람들의 관심을 얻기 위해 자기 이야기를 왜곡해서 이야기하는 행동을 가리켜 뮌하우젠 증후군이라고 부른다.•

어쩌면 나는 타인의 관심을 끌기 위해, 나 자신을 좀 더 대견한 사람으로 보이기 위해 폰 뮌하우젠처럼 과거를 왜곡해왔는지도 모르겠다. 어머니는 고된 시간을 보냈지만 자식들에게는 그늘이 지지 않도록 온몸으로 버텨오셨을 테니 사진 속의 나는 그렇게 웃을 수 있었을 것이다.

오랜 세월 일만 하신 어머니는 어쩌면 나를 대신해 많은 것을 잃으셨다. 매일 대량으로 음식을 조리하다 보니 어깨 상태가 나빠졌고 체중도 평균치를 한참 밑돈다. 그리고 또 어머니가 빼앗긴 결정적 한 가지가 있는데 그것은 바로 '취향'이다. 함께 식사할 때마다 무엇을 드시고 싶은지 여쭤보면 어머니의 대답은 늘 한결같다.

"아무거나 먹자."

예쁜 옷을 사드릴까 해서 어떤 옷이 마음에 드시는지 물어도 어머니의 대답은 항상 똑같다.

"그냥 아무거나 다 좋다."

이렇다 보니 어머니를 위해 무언가를 소비해야 할 때마다 풀리지 않는 난제를 앞에 둔 학생처럼 미간이 찌푸려졌다. 물론, 안다. 취향이 형성되기 위해서는 최소한의 시간적, 물질적 여유가 필요하다는 것을. 이것저것 시도해보고 좋은 것과 나쁜 것을 두루 경험해보았을 때 비로소 취향이라 부르는 개인의 호오가 생긴다. 하지만 어머니에겐 이것저것 시도해볼 여유가 없었을 것이다. 그저 주어진 대로, 혹은 가장 저렴한 것을 최선의 선택지로 삼아 살아오셨겠거니 짐작할 뿐이다.

'도대체 어머니가 좋아하는 건 무엇인가?'라는 난제를 길게 고민한 끝에 떠오른 답은 딱 하나였다. 어머니는 믹스 커피, 정확히는 맥심 화이트골드를 애정하셨다. 아메리카노는 쓰다고 싫어하시고, 달달한 라테도 마다하시는 어머니이지만 종이컵에 뜨거울 물을 정확히 절반만 부어 진하게 탄 맥심 화이트골드는 늘 만족하며 드셨다. 같은 맥심 믹스 커피 중에서도 모카골드도 슈프림골드도 아닌 오직 화이트골드만 고집한다는 점에서 이것은 확실히 취향의 영역이라고 할 만하다. "너무 자주 드시면 살쪄요" 하고 늘 한소리 하지만 그래도 어머니가 애정하는 브랜드가 하나쯤 있어서 다행이라고 생각했다.

고백하건대 맥심이라는 브랜드를 나와 관련 있는 브랜드라고 생각했던 적은 그동안 한 번도 없었던 것 같다. 아메리카노를 좋아하는 나에게 맥심 믹스 커피는 지나치게 달고, 어째서인지 마트에서 마주해도 손이 잘 가지 않는 어색한 사이였다. 하지만 맥심이라는 브랜드는 내가 살아온 시간보다 더 오랫동안 많은 사람에게 사랑받아왔고 지금도 대한민국 믹스 커피 분야 넘버원 브랜드로 굳건히 자리 잡고 있다. 오랜 시간 사랑받아온 데는 분명 그만한 이유가 있다. 지금도 맥심 믹스 커피는 우리 주변 곳곳에서 누군가에게 달달한 휴식 시간을 만들어주고 하루의 피로를 풀어주거나 하루의 힘찬 시작을 북돋워주고 있으리라.

그러고 보면 한 브랜드의 팬이란 꼭 그 브랜드를 구매하고 경험하는 당사자만을 지칭하지는 않는 듯하다. 사람은 여러 타인과 관계를 맺으며 살아가는 사회적 동물이고 누구든지 간에 그 사람을 사랑하는 사람들이 주변에 포진해 있다. 그렇기에 어떤 브랜드가 한 명의 팬을 만들어낸다면 그 사람을 사랑하는 주변인까지 팬으로 물들일 확률이 높다. 단것이라면 질색하면서도 어머니가 애정하는 맥심 화이트 골드를 가끔 떠올리게 된 한 아들처럼.

- 이동귀, 《너 이런 심리법칙 알아?》, 21세기북스, 2016.

달콤한 콤플렉스 아이스크림

노세보 효과

인간의 자기 인지능력은 좀 심술궂은 구석이 있다. 타인이 바라보는 나보다 오히려 왜곡된 시각으로 자신을 저평가한다. 그 시선이 때론 시니컬한 노인 같기도 하고 때론 기준점 높은 심사위원처럼 느껴진다. 가령 아주 많은 장점을 가진 사람이더라도 자기 자신을 볼 땐 한두 가지 단점에 더 신경 쓴다. 남들이 보기엔 큰 문제가 없어 보이지만 그 자신은 굉장히 심각하다.

장점만 바라보고 자신감 넘치는 상태로 살아가면 좋으련만 작은 단점 하나가 인중에 난 여드름처럼 자꾸 신경 쓰인다. 자기 단점에 적당한 수준으로 주목한다면 그것을 극복하는 출발점이 되지만 정도가 심하면 오히려 스스로를 갉아먹어 '노세보 효과(Nocebo effect)'를 불러일으키는 덫이 되기도 한다.

노세보 효과는 진짜 약을 처방해도 환자 스스로가 약효를 믿지 않으면 병세가 호전되지 않는 것처럼 부정적인 믿음 때문에 실제로 부정적인 결과가 나타나는 현상을 일컫는다.• 아무런 효과가 없는 가짜 약을 복용하더라도 효과가 있으리라는 긍정적 믿음을 가지면 치료 효과가 나타나는 플라세보 효과(Placebo effect)와는 반대 개념이다.

똑같은 단점을 바라보더라도 그 단점 때문에 결국 일을 그르칠 것이라는 부정적 암시는 일을 하는 데 전혀 도움이 되지 않는다. 단점이 있지만 극복해낼 것이며 잘하면 단점을 경쟁력으로 만들 수 있으리라는 밑도 끝도 없는 믿음이 콤플렉스를 다루는 유일한 방법이라고 나는 믿는다.

나의 단점을 모조리 글로 옮겨 적는다면 적어도 200자 원고지 다섯 매 정도는 채울 수 있지 않을까 싶다. 저질 체력에 미미한 근성, 나서는 걸 극히 꺼리고 기회가 주어져도 자기 PR 못하는 성격, 살짝 삐뚤어진 코와 탁한 피부, 단점을 적다 보니 점점 우울해지는 개복치급 멘탈까지, 예나 지금이나 나의 단점들은 늘 신경 쓰이는 존재들이다. 사람들을 만나거나 새로운 일을 시작할 때면 '이런 내가 좋은 인상을 줄 수 있을까?'라거나 '이런 점 때문에 아무래도 불리할 것 같은데?' 하는 부정적 암시가 스멀스멀 고개를 든다. 그럴 때마다 나는 달콤한 아이스크림 하나를 떠올린다. 평소 잘 먹지는 못하지만(비싸다!) 한번 먹으면 바닥이 보일 때까지 먹게 되는 벤앤제리스(Ben & Jerry's) 이야기다.

무엇보다 벤앤제리스는 마케팅업계에서 대기업의 횡포

에 굴하지 않는 용감한 마케팅으로 유명하다. 벤앤제리스가 창립했을 당시 미국 아이스크림 시장은 하겐다즈(*Häagen-Dazs*)가 거의 장악하고 있었다. 벤앤제리스가 미국 북동부를 중심으로 인기를 모으자 하겐다즈의 모회사 필스버리(*Pillsbury*)는 지역 유통업체들에 하겐다즈와 벤앤제리스 중 하나만 팔라고 강요했다. 이에 벤앤제리스는 필스버리의 마스코트인 밀가루 반죽 캐릭터 '도우보이(*Doughboy*)'를 겨냥해 자신들의 제품에 '도우보이는 뭐가 두려운 걸까?'라는 스티커를 붙여 팔았다.** 필스버리의 '갑질'을 폭로하며 지역 주민들의 지지를 호소한 전략이다.

또 벤앤제리스는 당시 레이건 정부의 미국 우선주의와 군비경쟁을 비판하며 '피스팝(*Peace Pop*)'이라는 이름의 아이스크림을 출시하기도 했다. 그러면서 미국 방위비 예산의 1퍼센트를 평화 기금으로 사용해야 한다고 주장하고 자사 아이스크림 판매액의 1퍼센트를 평화 기금으로 기부했다. 이 제품은 당시 미국의 반전 평화주의자들에게 주목받으며 큰 성공을 거두었다고 한다.***

하지만 이런 모든 활동도 맛이라는 기본 조건을 갖추지 못했다면 전부 쓸모없는 일이었을 것이다. 맛없는 아이스크림을 만드는 브랜드가 아무리 저항적 목소리를 낸다 해도 사람들이 귀를 기울일 리 없다. 제품력이 탄탄히 뒷받침됐기에 사람들은 벤앤제리스의 목소리에 귀를 기울였을 것이다. 맛의 측면에서 벤앤제리스는 독특한 식감으로 유명하다. 보통 부드럽게 녹아 없어지는 아이스크림들과 달리 벤앤제리스 아이스크림은 크런치한 초콜릿이 듬뿍 박혀 있기도 하고 쿠키 덩어리가 마구 섞여 있어 먹는 즐거움이 남다르다.

이런 벤앤제리스의 제품 경쟁력은 상당 부분 공동 창업자 중 한 명의 치명적 단점에서 출발했다. 벤앤제리스의 공동 창업자 벤 코헨(Ben Cohen)은 어렸을 때부터 후각 상실증이라는 희귀한 질환을 앓았던 것으로 알려졌다. 그는 후각 상실증으로 인해 특정한 맛의 차이를 잘 느끼지 못했다. 그러다 보니 일반적인 제품을 만들 때 맛보다는 다양한 식감을 더 중점적으로 생각하게 됐고, 그 결과 부드러우면서도 씹는 맛이 있으며 계속 먹다 보면 재미있는 식감이 느껴지는 독특한 아이스크림이 탄생하는 데 영향을 미쳤다.••••

만약 벤이 제대로 맛을 볼 수 없다는 부정적 자기암시에 사로잡혀 제품 개발에 전혀 참여하지 않았더라면 어떤 결과가 나왔을까? 또 다른 공동 창업자 제리에게 제품 개발을 맡겨두고 마케팅에만 신경을 쓰지 않았을까? 맛에 대한 이해도가 전혀 없는 마케팅이 과연 성공할 수 있었을까? 벤은 자신의 단점을 끌어안았고 결국 다른 결과를 만들어냈다. 아이스크림만큼이나 달콤한 결말이다.

지금 스스로에게 치명적인 단점이 있다고 느껴진다면 우리는 결국 둘 중 하나를 선택해야 한다. 끌어안아 극복하거나 포기하고 최대한 신경 쓰지 않거나. 극복하는 길은 분명 먹기 싫은 알약을 씹어 먹는 것처럼 처음엔 쓰디쓸 것이다. '어휴, 내가 왜 굳이 어려운 길을 택했을까?' 하고 곡소리가 나는 날도 많을 것이다. 하지만 참고 또 참으며 쓴 약을 조금씩 씹다 보면 어느새 기분 좋은 단맛이 올라올 것이다. 자신에 대한 열렬한 믿음은 스스로를 바꾸고, 아이스크림을 바꾸고, 세상을 바꾼다. 그러니 우리 모두 자신의 단점을 꼬옥 끌어안고 자신을 믿자.

- 두산백과 두피디아(www.doopedia.co.kr).
- 김도훈, '근본 없는 미국맛? 세상 바꾸려는 '열망의 맛' 아이스크림', 〈한겨레〉, 2022년 7월 2일.
- 허태윤, '히피들의 유쾌한 반란, 벤앤제리스(Ben & Jerry's) 아이스크림', 〈월간중앙〉, 2020년 12월 28일.
- Justin Sullivan, 'Ever Wonder Why Ben & Jerry's Is So Packed With Mix-Ins? It's Because Ben Can Barely Taste Or Smell', 〈Delish〉, 2021년 4월 9일.

일의 기쁨과 슬픔
그리고 창조성

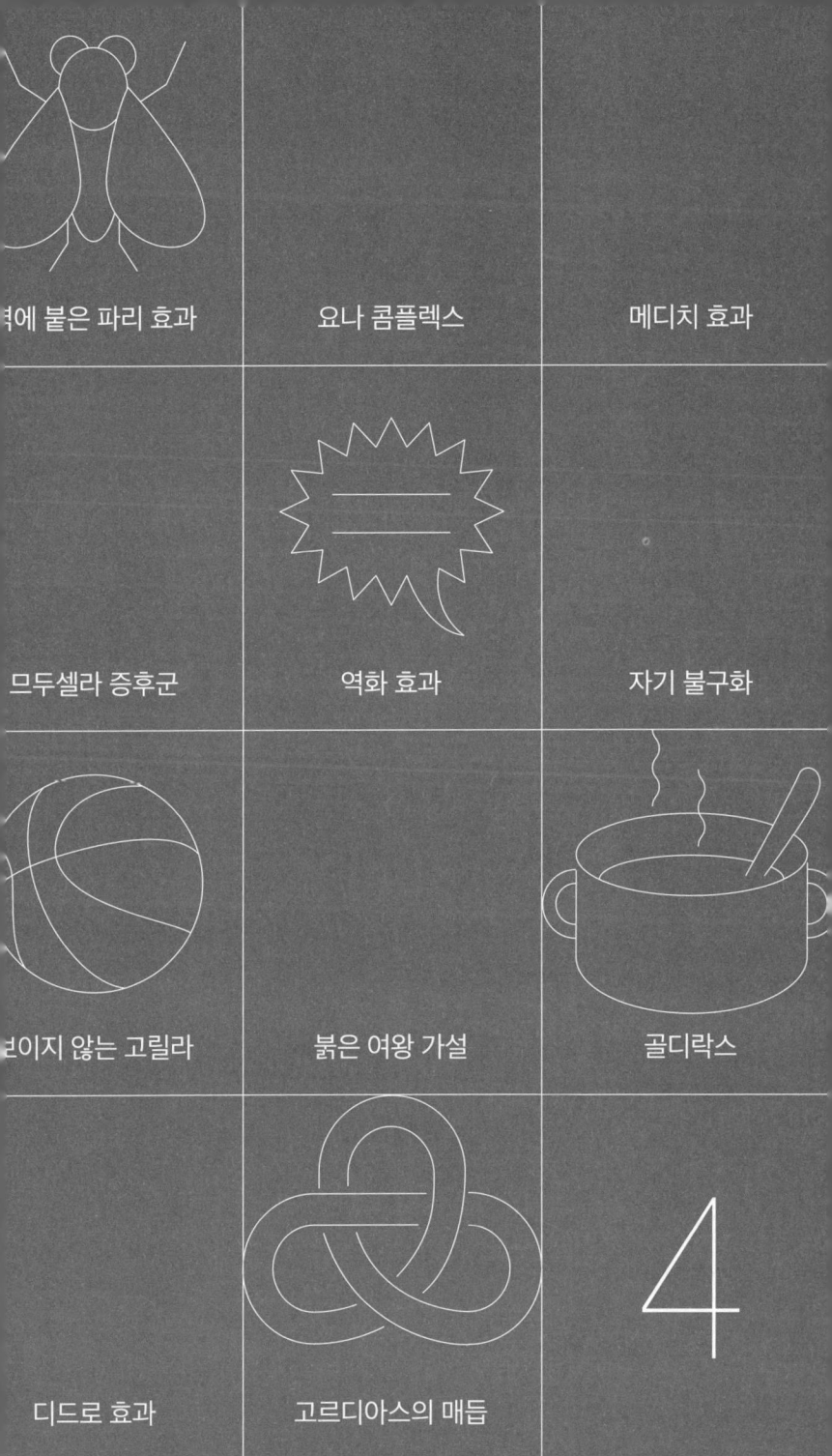

난 슬플 때
벽에 붙은 파리가 돼

벽에 붙은 파리 효과

사회 초년생 때 우러러보았던 선배들의 모습은 그야말로 어른이었다. 여기서 어른이라 함은 단지 나이가 많다는 뜻이 아니라 사회인으로서 높은 수준의 경지에 이르렀음을 말한다. 어떤 문제가 생겨도 침착하게 해결 방법을 찾아내고, 실패에도 초연할 줄 아는 득도의 경지에 이른 선배들. 그들의 모습을 보며 광고 회사에서 10년 이상 구르다 보면 분명 초심자 눈에는 보이지 않는 포스가 생겨나리라고 두 눈을 반짝거리며 기대했던 기억이 난다.

　세월이 흘러 그때의 선배들과 다르지 않은 연차를 쌓았다. 그리고 어느 날 문득 내 안 깊은 곳에서 알 수 없는 힘이 솟아나는 놀라운 일은 물론 일어나지 않았다. 연차가 쌓이며 잔주름과 내장 지방만이 꾸준히 늘어나고 있을 뿐 내면은 사회 초년생 때의 그것과 크게 다르지 않다. 문제가 생기면 호흡이 가빠지고 실패를 맞이하면 며칠 몇 주를 시름시름 앓는다. 아, 난 평생 어른이 되기는 틀린 것 같다.

　광고 회사에서는 매일같이 희비극이 펼쳐진다. 야심 차게 준비해 간 아이디어가 회의실에서 혹평을 받고 버려지고 또 누군가의 아이디어는 박수를 받는다. 사무실 한쪽에서는 수백억 규모 프로젝트를 수주했다는 환호성이 들려오고 다른 한쪽에서는 수주에 실패했다는 소식이 메신저로 조용히 전해진다. 성공의 순간에는 모두가 한마음으로 박수를 보낸다. 그날을 위해 얼마나 많은 어려움을 이겨내왔을지 모두가 잘 알기 때문이다. 하지만 실패의 순간을 맞이한 이에게는 쉽게 말을 걸기 어렵다. 설령 위로의 말을 듣더라도 사실 큰 도움은 되지 않는다.

결국 스스로 절망의 수렁에서 올라오는 수밖에 없다. 그리고 실패의 타격을 빠르게 회복하는 것은 광고 회사 생활에서 반드시 필요한 능력 중 하나다. 업의 특성상 누구나 크고 작은 실패를 경험할 수밖에 없는 구조, 다른 업에 비해 짧은 기간의 프로젝트들이 쉼 없이 이어지는 특성 때문이다. 한 번의 실패에 허우적거리다 보면 곧바로 이어지는 또 다른 프로젝트에 영향을 미치고 만다. 어서 정신을 차리고 현실을 살아가야 하는 것이다.

아직 마음처럼 잘되지는 않지만 좌절의 순간엔 정신을 집중해 파리가 되려고 한다. 윙윙 희미한 소리를 내며 사무실 곳곳을 돌아다니는 파리가 되어 '벽에 붙은 파리 효과(*Fly-on-the-wall effect*)'를 노린다. 자못 재미있는 이름의 이

심리 이론은 어떤 일에 실패해 좌절감에 빠졌을 때, 마치 벽에 붙은 파리가 바라보는 것처럼 객관적인 외부 시각으로 자신을 바라보면 부정적 감정을 극복하는 데 도움이 되는 현상을 말한다. 지금 당장이야 너무나 힘들겠지만 나와 전혀 상관없는 제3자의 시각으로 바라보면 사실 별일이 아니거나 극복해낼 수 있는 지점이 보이기도 하기 때문이다.

벽에 붙은 파리 효과는 미국 심리학자 오즐렘 에이덕(Ozlem Ayduk)과 이선 크로스(Ethan Kross)의 심리 실험에서 유래했다고 한다. 이들은 피실험자 중 한 사람에게는 1인칭 시점에서 과거의 실패 경험을 떠올리게 하고, 다른 한 사람에게는 객관적인 3인칭 시점에서 과거의 실패 경험을 떠올리게 한 후 감정적 반응을 체크했다. 그랬더니 1인칭 시점에서 실패 경험을 떠올린 피실험자는 심박수가 빠르게 상승하는 등 불쾌감을 크게 느끼는 것으로 나타난 반면, 3인칭 시점에서 떠올린 피실험자는 크게 불쾌감을 느끼지 않았을 뿐 아니라 오히려 그때의 경험을 긍정적으로 해석하는 모습을 보이기도 했다고 한다.●

경험상 좌절의 순간에 얼른 파리의 시야를 갖는 일은 쉽지 않다. 사람마다 차이는 있겠지만 인간은 감정의 동물이기 때문이다. 에이덕과 크로스의 실험처럼 한참 시간이 지난 일이라면 모르겠지만 좌절감을 느낀 직후엔 평소보다 더 연약해지고 정신을 집중하기도 어렵다. 생각이라는 것 자체를 하기 싫어지기도 한다. 그저 될 대로 돼라 싶은 마음으로 우울의 늪 속에 깊이 빠져버리기 십상이다.

하지만 침전의 시간이 길어질수록 불리한 건 나 자신이다. 한시바삐 객관적 시각으로 상황을 판단하고 깔끔하게 인정해야 할 부분과 배워서 고쳐 나가야 할 부분을 정리해야만 한다.

그 옛날 나의 선배들은 자유자재로 파리가 됐다가 이내 인간으로 돌아오는 파리 둔갑술의 귀재가 아니었을까? 포스 넘쳐 보였던 선배들이 잠시 의식을 집중해 손톱만 한 파리가 되어 날렵하게 파리채를 피하고 벽에 붙었다가 다시 인간의 모습으로 되돌아오는 모습을 상상해보았다.

'그래서 뭐, 회복 못할 만한 타격도 아니잖아.'

'창피해? 다른 사람들은 자기 일들 하느라 신경도 안 쓰는 것 같은데?'

'네가 잘 못해서 그런 걸 어쩌겠어. 더 갈고닦아서 다음번에 잘 해내야지.'

선배들은 아마도 중요한 프로젝트 수주에 실패했다는 소식을 듣자마자 벽에 붙은 파리가 되어 자신에게 냉정하게 일갈해주고 빠르게 정신을 수습했을 것이다. 그리고 후배에게는 아무렇지 않은 척했겠지. 썩 멋진 장면은 아니지만 그래도 꽤 유용한 둔갑술이다.

- 이동귀, 《너 이런 심리법칙 알아?》, 21세기북스, 2016.

아니면 말고!

요나 콤플렉스

인류의 과학기술이 급속도로 발전해 과거로 시간 여행이 가능해진다면, 그래서 광고 회사에 막 입사했던 과거의 나를 만날 수 있다면, '요나 콤플렉스(Jonah complex)'에서 어서 벗어나라고 꼭 이야기해주고 싶다. 요나 콤플렉스는 성경에 등장하는 인물인 요나가 신이 내린 운명을 두려워해 피해 달아나버린 모습에서 탄생한 심리학 용어다. 구약성서에서 요나는 한 도시에 찾아가 그 도시가 하나님의 심판을 받을 것이라는 예언을 하라고 명령받았으나 이를 거역하고 도망쳐버린다. '욕구 단계설'로 유명한 미국 심리학자 에이브러햄 매슬로(Abraham Maslow)는 이런 요나의 모습에 빗대어 인간의 회피 성향을 설명한다.

　인간은 누구나 자신의 능력을 마음껏 발휘해 발전해나가고자 하는 욕망과 함께 성장을 두려워하고 새로운 시도를 회피하는 성향을 모두 가졌다. 요나 콤플렉스는 이 중에서 후자의 상태를 이야기한다. 성공한 상황에 대한 부담이나 실패에 대한 두려움 때문에 자기 능력을 과소평가하며 성장을 회피하는 상태인 것이다.•

전 세계 광고 회사의 회의실에 앉아 있는 신입 사원들의 머릿속을 상상해보자. 아마도 '도대체 이 인간들은 무슨 말을 하고 있는 것인가?'와 '아, 나도 의견을 말하고 싶은데 말해도 될까?'라는 두 가지 생각이 반복될 것 같다. 그 밖에도 '빨리 집에 가고 싶다'라든가 '저 인간의 인중을 때리고 싶다' 등 다양한 생각들도 교차하겠지만 업무 외의 부수적인 생각들은 일단 제외하도록 하자.

신입 사원이던 나는 언제나 회의 시간이면 후자의 생각으로 머릿속을 채웠다. 빠르게 의견을 주고받는 선배들의 대화에 귀 기울이는 사이 내 의견을 차근차근 정리해보지만 그 의견을 목소리로 내뱉기는 쉽지 않았다. '이 얘기를 해도 되는 걸까? 괜히 얘기했다가 바보 취급 당하는 거 아냐? 이런 생각을 다른 선배들이 못 했을 리 없잖아? 얘기 안 하시는 데는 다 이유가 있겠지.' 이런 생각들을 하는 사이 대화는 이미 다음 주제로 넘어가 있다.

숱한 고민 끝에 내뱉은 의견에 대한 반응이 좋지 못하면 상태는 더 악화된다. 내게 쓸데없는 이야기 좀 하지 말라고 직언한 선배는 없었지만 신입 사원이라고 해도 눈치는 있다. 의견을 내뱉는 그 순간 회의실에 감돌던 어색한 공기가 내 몸을 감싼다. 저 순진한 아이에게 뭐라고 이야기해줘야 하나 망설이는 선배들의 곤란함이 흔들리는 동공으로 유추된다. 그런 회의 자리가 끝나고 나면 의기소침해지며 이렇게 생각한다. '역시 가만히 있으면 중간이라도 가는 게 맞구나.'

확실히 많은 상황에서 '가만히 있으면 중간은 간다'라는 말은 진리에 가깝다고 생각한다. 하지만 광고 회사에서 오랜 기간 일하다 보니 언젠가부터 이 말이 썩 좋게 받아들여지지 않는다. 아무 의견도 내지 않고 그냥 가만히 있으면 일의 결과가 좋지 않았을 때 그 원인으로 지목받을 일도 없다. 반대로 성공했을 때는 적당히 묻어가며 성공의 과실을 조금이나마 누리면 그만이다. 가만히 있는 것은 안전하고 유리한 선택이다.

하지만 중간만 가서 승리하는 게임은 없다. 그렇기에 누군가는 리스크를 안고 가만히 있지 않는다. 모두가 안전하게 가만히 있는다면 결코 멋진 전략과 크리에이티브가 탄생할 수 없다. 그렇기에 나는 일견 설익어 보이는 아이디어일지라도 과감하게 의견을 내뱉고 보는 후배들을 보면 진심으로 멋지다고 생각한다. 그들에게 마음속으로나마 기립 박수를 보낸다. '브라보!'

회의실의 볼 빨간 아이였던 내가 각성하게 된 계기는 평양냉면만큼 싱거운 사건 덕분이다. 비슷한 연차였던 P와 함께 프로젝트를 진행했을 때의 일이다. 각 팀의 막내였던 나와 P는 가끔 흡연실에서 이런저런 이야기를 나누었다. 하루는 회의 시작 전 나누었던 장난스러운 대화가 점점 발전해서 함께 진행 중이던 프로젝트의 아이디어로까지 이어졌다. 곧 있을 회의 시간에 그 아이디어를 바로 얘기해보자던 P에게 나는 그래도 좀 더 시간을 가지고 생각해보자고 조심스럽게 답했다. 그러자 P는 답답해하며 이렇게 대꾸했다.

"아이, 그냥 얘기하고 봐요. 아니면 말고요 뭐."

아니면 말고. 아니면 말고. 아니면 말고. P의 이야기를 듣고 나서 나는 이 말을 여러 번 되뇌었다. 그는 별생각 없이 던진 말이었겠지만 나에겐 많은 생각을 하게 만든 한마디였다. 회의실에서 오고 가는 무수히 많은 의견이나 아이디어들이 모두 좋을 수는 없다. 상황이나 맥락에 따라 좋을 수도 있고 나쁠 수도 있다. 언제나 근사한 의견만 내던 사람도 때론 어이없을 만큼 형편없는 의견을 낼 수도 있는 것이다.

한 의견에 대한 경탄이나 냉담한 반응이 나에 대한 평가로 곧바로 이어지는 것도 아니다. 그저 그 순간 맞다고 생각하는 의견을 던지고 주변 피드백이 별로라면 그걸로 그만일 뿐. 그날 이후, 나는 회의실에 들어설 때면 늘 '아니면 말고 정신'을 장착한다. 그 한마디가 정신적 진통제로 작용해

내 생각을 내뱉는 것에 대한 두려움이나 내가 낸 의견이 혹평받았을 때의 창피함 같은 것이 이전만큼 크게 느껴지지 않는다.

물론 이 글을 읽고 계신 분들 중에는 다른 견해를 가진 분들도 분명 있을 수 있다고 생각한다. 신입 사원이라고 할지라도 본인은 한 번도 의견을 말하는 데 두려움을 가진 적이 없다는 분도, 무릇 신입 사원 때는 성급하게 의견을 내뱉기보다 선배들 말을 유심히 들으며 배우는 편이 더 낫다는 분도 있을 것이다. 그렇기 때문에 이런 개인적 경험과 회의실에서의 마음가짐 따위를 훈수 두듯이 글로 펼쳐내는 일이 얼마간 조심스러운 것도 사실이다. 멀리서 꼰대 경보기가 '삐용 삐용' 하고 울리는 것 같기도 하고, '어이, 그런 구시대적인 생각은 집어치우라고' 하며 험상궂은 말투의 *DM*을 받는 상상도 하게 된다. 그래도 여러분, 제 생각은 이렇답니다. 아니면 말고요.

- 김춘경 외, 《상담학 사전》, 학지사, 2016.

회의실의 르네상스

메디치 효과

흡연실에서 동기들과 부장님을 몰래 욕하던 파릇파릇한 신입 사원은 어느덧 꼰대라는 호칭이 찰떡같이 어울리는 아저씨로 성장했다. 퀴퀴한 흡연실 연기 속에서 상사의 이해할 수 없는 업무 지시와 유머 코드를 잘근잘근 씹으며 짧은 휴식 시간을 보냈던 10여 년 전의 나. 그때는 부장님을 나와 다른 종족쯤으로 생각했고 그와 나의 연결 고리를 전혀 찾지 못했기에 나 역시 언젠가는 그와 같은 포지션이 되리라고는 상상도 못했다. 하지만 야속하게도 시간은 쏜살같이 흘렀고 이제는 띠동갑이 넘는 동료들과 함께 합을 맞춰 일해야 하는 연차가 됐다.

나이의 많고 적음과 상관없이 이들은 같은 프로젝트를 함께 진행하는 동료이자 같은 목표를 향해 일하는 주체다. 하지만 아주 가끔은 나에겐 당연한 일들을 당연하지 않게 받아들이는 어린 동료들의 표정을 살피며 '아차차, 내가 또 꼰대 티를 냈나 보군' 하며 주춤하곤 한다. 10여 년 전의 부장님과 지금의 내 입장이 크게 다를 게 없다. 그래도 조금 다행이라면 지금의 나에겐 어린 동료들의 생각을 간접적으로나마 엿볼 수 있는 훌륭한 교보재가 많다는 점이다. 서점에 가면 'Z세대'나 '알파 세대'로 시작하는 업무 지침서를 쉽게 만날 수 있고 SNS를 휘휘 돌아다니다 보면 '이런 말 하는 당신은 꼰대'라며 친절하게 가이드를 주는 콘텐츠들이 넘쳐나는 세상이다.

'하나, 명령문으로 말하지 않는다. 둘, 먼저 요청하기 전에 조언하지 않는다. 셋, 추억팔이를 하지 않는다. 넷…' 오늘도 '꼰대가 되지 않는 7원칙' 같은 콘텐츠를 꼼꼼히 읽으며 마음속 가이드라인을 점검한다. 가끔은 다소 서글픈 심정과 함께 과연 이런 금지 사항만이 유일한 해결책일지 의문이 들기도 한다. '해서는 안 되는 것' 말고도 '어떻게 함께 일하면 더 좋을지' 골몰하다 보니 '메디치 효과(Medici effect)'가 떠오른다.

이질적인 분야가 서로 결합해 시너지를 내고 창조적 결과물로 이어지는 것을 메디치 효과라고 한다. 과거 이탈리아 피렌체에는 막대한 부를 바탕으로 철학, 과학, 예술을 적극적으로 후원한 메디치 가문이 있었다. 레오나르도 다빈치, 미켈란젤로와 같이 오늘날 잘 알려진 예술가들도 당시 메디치 가문의 후원을 받았다고 한다. 메디치 가문은 특히 예술과 과학처럼 전혀 다른 분야의 전문가들이 서로 교류

할 수 있도록 후원을 아끼지 않았다고 한다. 메디치 가문의 후원으로 모인 각 분야의 전문가들은 영역의 벽을 넘어 활발하게 교류해 큰 시너지를 냈고 이는 유럽 르네상스 도래에 큰 공헌을 했다.*

메디치 효과는 오늘날 우리 주변에서도 쉽게 볼 수 있다. 서로 다른 전공 분야의 사람들이 만나 기발한 사업 아이템의 스타트업을 창업하기도 하고, 상이한 장르의 음악이 만나 한 번도 들어보지 못했던 청각적 충격을 주기도 하는 것처럼 말이다. 영화 〈인터스텔라〉 감독 크리스토퍼 놀란(Christopher Nolan)은 영화 기획 단계에서부터 이론물리학자 킵 손(Kip Thorne)과 함께했다고 알려졌다. 크리스토퍼 놀란 감독의 영화적 감수성과 킵 손의 이성적 과학 지식이 더해져 사람들에게 우주적 감동을 선사하는 영화가 탄생했다. 나의 경우 브랜드 전략과 같은 과제가 잘 풀리지 않을 때면 야심 찬 디지털 마케터이자 아내인 S에게 밤 산책을 요청한다. 함께 산책을 하며 실전적 디지털 마케팅 관점에서 그녀의 의견을 듣다 보면 의외로 거시적 브랜드 전략의 통찰을 얻을 수 있기도 하다.

광고 회사에서 하나의 프로젝트에만 집중할 수 있는 시기는 드물다. 대체로 동시다발적으로 서너 가지 프로젝트가 진행된다. 각 프로젝트를 위한 아이디어 회의가 매일 이어지다 보면 각자의 아이디어는 고갈되고 회의실에서 나오는 이야기는 다 어디서 들어본 듯한 것들이 많아질 수밖에 없다. 이렇게 창의적 아이디어의 발화는 줄어들고 기계적으로 아이디어를 생산하는 단계를 소위 '공장 돌린다'라고 표현하기도 한다. 신선한 아이디어가 난무하는 회의라면 컨디션 좋은 개인의 역량에 기대볼 수 있지만, 이런 '공장 단계'에서는 생각의 파편들을 조합해 새로운 아이디어로 승화시키는 작업이 중요하다. 누군가 무심코 던졌던 '새롭지만 실현 가능성이 낮은 아이디어'와 또 다른 누군가가 이야기했던 '현실적이지만 새롭지 않은 아이디어'를 조합하다 보면 '1+1=2' 이상의 아이디어로 재탄생한다. 그리고 이런 재발견과 조합의 과정은 아무래도 경험이 많은 꼰대, 아니 연차 높은 직원에게 어울리는 역할이다.

살아온 배경과 탐닉해온 문화가 다르므로 같은 회사 안에 있는 사람들일지라도 생각하는 방식이 서로 다른 것은 어쩔 수 없는 일인지도 모르겠다. 긍정적인 점은 과거에 비해 서로 다른 생각을 이해하려는 노력들이 많아졌고, 또 많아져야만 한다는 데 공감하는 사회적 공기가 형성됐다는 점이다. 아무리 노력하더라도 10년 이상 차이 나는 동료들의 생각을 오롯이 이해하지는 못하겠지만, 말하려 들기보다 경청하고 서로 다른 생각을 배척하기보다 조합해 시너지를 만드는 역할을 계속 제련하려고 한다. 서로 다른 생각의 의도적 충돌이 회의실 안팎으로 작은 르네상스를 불러일으킬 것이라고 믿기 때문에.

- 이한영, 《너 이런 경제법칙 알아?》, 21세기북스, 2016.

기억의 각색은
매년 반복된다

므두셀라 증후군

연말의 공기는 좀 묘하다. 똑같은 365일 중 하루일 뿐이지만 12월 31일이 다가올수록 발이 지면으로부터 붕 뜬 것만 같은 기분에 휩싸이게 된다. '한 해 동안 고생 많았어. 자식, 나쁘지 않았어' 하고 스스로에게 수줍은 칭찬을 건네기도 하고, 해내지 못한 일에 대한 우울함과 이제는 다 끝났다는 후련함의 감정 사이를 오가며 다소 몽롱한 하루하루를 보낸다. 다가올 1월에도 똑같이 일하고 있을 거면서.

나 같은 회사원들에게는 이 시기에 빼놓을 수 없는 연례행사가 있는데 이른바 '연말 평가'다. 회사마다 용어와 방식의 차이는 있겠지만 1년 동안 진행했던 본인의 업무 성과를 되짚어 보며 그 내용들을 기록하고 상사에게 평가받는 일이다. 투입된 프로젝트는 얼마나 많았는지, 그 프로젝트의 규모와 난이도는 어땠는지, 그 안에서 본인은 어떤 역할을 담당했는지, 클라이언트의 만족도는 어땠는지 등 나의 '퍼포먼스'를 꼼꼼하게 적어 넣는다. 마치 한 시즌을 마감한 축구 선수의 활약상을 기록하는 작업과 비슷하다. 그리고 평가 결과는 크건 작건 연봉 협상이나 승진에 영향을 미친다.

평가를 하는 상사 입장에서는 다수의 팀원을 평가해야 하기에 모든 팀원의 업무 내용을 세세하게 알기 어렵다. 기록하는 당사자 입장에서도 모든 기억이 완벽하지만은 않기 때문에 연말 평가서를 쓰는 과정에서 일정 수준의 '각색'이 포함되기도 한다(물론 대부분 회사원들은 객관적으로 평가에 임하리라고 생각합니다만). 쉽게 말해, 잘한 일은 아주 잘한 것처럼 (대영웅 서사시처럼!), 못한 일은 (천재지변과 같은 변수로 인해) 약간 아쉬웠다는 듯이 기록하는 것이다.

프로젝트를 진행하면서 넘어서야 했던 난관들을 결코 넘어설 수 없을 것만 같았던 거대한 산처럼 묘사하고 그것을 극복해낸 '나님'의 활약상을 신성하게 묘사한다. '기존 대행사에 대한 만족도가 극히 높았던 A 광고주의 눈높이를 만족시키기 위해 기존에 전혀 시도하지 않았던 캠페인 방법론을 제안했으며…' 잘한 프로젝트에 대한 기술은 구체적이고 형용사가 많아진다.

반면 탈락한 경쟁 PT에 대한 이야기는 되도록 짧고 간결하게 기술한다. '3월에 진행한 B 광고주 경쟁 PT 수주 실패.' 이것으로 끝! 더 이상 특별한 형용사 따위는 사용하지 않는다. 물론 사실을 왜곡해서는 결코 안 되겠지만 이왕이면 좋았던 기억에 한껏 힘주어 묘사하는 것이다. 그래서 나는 이 시기를 '직장인 므두셀라 증후군 창궐기'라고 부른다.

므두셀라 증후군(Methuselah syndrome)은 어린 시절이나 첫사랑에 대해 회상할 때 나쁜 기억보다는 좋았던 기억을 주로 떠올리듯 과거의 기억을 아름답게만 포장하려는 심리를 말한다. 므두셀라 증후군은 성경에 등장하는 인물인 므두셀라의 모습에서 유래했다. 그는 노아의 방주를 만든 노아의 할아버지로 천 살 가까이 살았는데, 나이가 들어갈수록 늘 과거에 있었던 좋은 기억만 떠올리고 그 시절을 그리워했다고 전해진다.●

지나간 일을 객관적으로 되짚어 보는 일은 사실 꽤나 높은 수준의 정신력을 필요로 한다. 잘했던 일, 즐거웠던 일을 되짚어 보는 것은 더할 나위 없이 달콤한 행위다. 하지만 잘못했던 일, 실수했던 일을 되짚어 보는 일은 심히 괴롭다. 애써 잠재워놓은 부정적인 감정이 봉인에서 풀려난 드래곤처럼 날뛰기도 하고 다시 떠올리기 싫었던 부끄러운 실수가 고장 난 비디오테이프처럼 밤새 반복 재생되기도 한다.

기획자인 나의 경우, 결과가 좋지 않았던 프로젝트의 기획서를 다시 들춰 보는 일이 가장 큰 고역이다. 연말 평가나 현재 진행 중인 프로젝트와 연관된 정보를 확인하기 위해 피치 못하게 과거의 기획서를 들춰 보게 되면 당시에는 몰랐던 문제점들이 보일 때가 많다. 논리적인 비약은 물론이고 페이지 구성의 아쉬움, 전략 키워드의 연약함 등이 페이지를 넘길 때마다 핀 조명을 쏜 듯 또렷하게 보인다. 가령 50명이 모수인 정량 조사 결과를 가지고 그 세대가 모두 같은 생각을 가진 것처럼 주장하거나, 별로 대단할 것 없는 소비자 인사이트를 보여주는 페이지에 우주가 폭발하는 것 같은 현란한 이미지를 배경으로 썼던 것을 발견하곤 한다. '내가 저렇게 썼었다고? 너 도대체 무슨 일이 있었던 거야?!' 과거의 나 자신을 소환해 멱살 잡고 싶어지는 순간이다.

물론 이렇게 과거 작업물을 되짚어 보는 행위가 꼭 고통스러운 경험이기만 한 것은 아니다. 분명 유익한 부분도 있다. 스스로의 부족함을 극복하려면 그것을 스스로 직시하는 것이 출발점이다. 과거의 작업물들이 지금의 내가 보기에 어딘가 부족해 보인다면 그만큼 성장하고 있다는 증거다. 따라서 적어도 1년에 한 번은 의도적으로라도 과거의 작업물을 다시 살펴보는 시간이 필요하다. 만약 과거의 작업물에서 부족함이 보이지 않는다면 둘 중 하나다. 이미 경지에 이르렀다는 뜻이거나, 생각보다 빠르게 성장하지 못하고 있다는 경고이거나.

어린 시절 우리는 잘한 일에는 당연히 칭찬이 따르지만,

실패하더라도 그를 통해 배울 수만 있다면 그 또한 칭찬받을 일이라고 배웠다. '실패는 성공의 어머니', '끊임없이 도전하고 실패로부터 배워라'라고 늘 이야기를 들어오지 않았던가. 하지만 실패의 기억을 되짚는 일은 되도록 미루고, 성공의 기억만 또렷이 남기는 연말 직장인의 모습(정확히는 나의 모습)을 보며 과연 이것이 최선의 평가 방법인지 의문이 생긴다. 회사의 평가표에는 결코 적을 수 없기에 이 지면을 빌려 올 한 해 나의 위대한 실패들을 기록해본다. 실패의 기억에서 한 단계 도약할 디딤돌을 찾기 위해서.

'저는 A 프로젝트 수주는 했지만 딱히 열심히 하지는 않았어요!'

'B 프로젝트 기획서에 치명적 오타가 다섯 군데쯤 있었는데 다행히 광고주가 못 봤어요!'

'C 프로젝트 때 팔린 아이디어, 그거 사실은 옛날에 다른 프로젝트에서 까였던 거 재활용한 거예요.'

아, 저런. 쓰고 보니 딱히 배울 점이 있는 실패는 아니었네요.

- 이동귀, 《너 이런 심리법칙 알아?》, 21세기북스, 2016.

연두부 멘탈을 위한 피드백 설명서

역화 효과

광고 회사 생활에서 특히 높은 수준의 섬세함을 요하는 작업 중 하나는 바로 '피드백'이다. 피드백을 할 때는 자연인으로서 상대방에 대한 배려심과 직업인으로서 냉정한 책임감 사이에서 고도의 균형 감각이 필요하다. 어쩌면 피드백은 곡예술의 일종으로 구분되어야 할지도 모르겠다.

 그렇다면 광고 회사에서의 피드백이란 구체적으로 무엇인가? 누군가 며칠 몇 주간 갖은 스트레스를 받으며 애지중지 키워온 자식 같은 전략이나 크리에이티브를 냉정한 눈으로 평가하고 향후 발전에 도움이 되는 의견을 전달하는 과정이다. 회의가 시작되면 아이디어를 준비해온 팀에서는 문서나 이미지, 영상 등을 하나하나 보여주며 협업 부서들, 혹은 의사결정권자에게 이들에 대해 부연한다. 해당 아이디어가 나오게 된 배경과 이 아이디어가 어떻게 광고주의 비즈니스에 도움이 되는지, 그리고 이 아이디어가 요즘 사람들에게 얼마나 파급력이 있을지에 대해 공들여 설명한다.

 브리핑이 끝나고 나면 이제 공은 상대편에게 넘어간다. 설명 들은 아이디어에 대해 피드백을 주어야 하는 시간이다. 이 순간 회의실에는 잠시 어색한 적막이 돈다. 아이디어가 1퍼센트의 이견 없이 회의 참가자들의 마음에 든다면 모두 함께 기립박수를 치며 화기애애한 분위기 속에 회의를 마치겠지만, 그런 경우는 흔치 않다. 작은 부분이라 할지라도 준비한 사람이 놓친 빈틈이나 향후 최종 제안에 도움이 될 만한 의견들을 보태야 앞으로 나아갈 수 있다. 피드백을 주는 사람 입장에서는 어떻게 이야기해야 의견을 오해 없이 정확하게 전달하면서도 상대방이 의욕을 상실하지 않고 아이디어 발전의 동력으로 삼을 수 있을지, 머릿속에서 치열한 정리 작업을 빠르게 진행한다.

물론 업무 피드백만큼은 상대방의 기분이나 감정에 대한 배려는 배제하고 정확하게 의견만 이야기하는 것도 가능하다. 하지만 그런 방식은 어디까지나 그러한 피드백 문화가 조직 내에 자연스럽게 자리 잡혀 있거나 피드백을 주는 자와 받는 자 사이에 인간적 신뢰가 이미 형성되어 있는 경우에 가능하다.

특별히 상대방의 감정을 배려하려는 휴머니스트가 아니더라도 냉정하기만 한 피드백은 자칫 상대방을 '역화 효과(Backfire effect)'의 늪에 빠지게 하는 원인이 된다. 그리고 한번 역화 효과가 발현되기 시작하면 그 어떠한 피드백도 제대로 역할을 하기가 쉽지 않아진다. 역화 효과는 자신이 가진 신념에 반하는 의견과 명백한 증거가 제시됐을 때 그것을 받아들이는 것이 아니라 오히려 반발해 기존의 신념을 더 공고히 하는 심리를 말한다.* 우리는 종종 경험한다. 상대방의 이야기에서 오류를 딱 잡아 지적했을 때 상대방이 (급격하게 흥분하며) 자기 의견에 대한 근거를 급하게 더하는 등 더욱 방어적으로 나오는 경우를 말이다. 상대방이 한번 역화 효과에 빠지고 나면 회의를 발전적으로 이끌어나가기란 쉽지 않다. 자기 아이디어를 지키기 위한 무조건적인 방어와 그 방어선을 뚫기 위한 더 공격적인 피드백이 반복되는 파국적 랠리가 이어질 뿐이다.

역화 효과라는 함정을 피해 발전적 피드백의 자리를 만드는 방법론은 회사원이라면 누구나 한두 개쯤은 있을 텐데, 나의 경우 세 가지를 이야기하는 데 집중한다. 좋은 점, 아쉬운 점, 보완 아이디어 순서로 말하는 것이다.

'좋은 점'은 말 그대로 브리핑을 들으면서 좋았던 포인트다. 상대방이 제시한 전체 아이디어 중에 발전시킬 만한 구석이 전혀 없는 경우는 드물다. 그러므로 좋았던 포인트를 먼저 이야기하고 그것을 기반으로 함께 발전시켜보자는 긍정적 서두를 던진다. (혹여 좋았던 점이 전혀 없다면 아이디어를 준비한 수고에 대한 감사 인사라도 전하도록 하자.)

'아쉬운 점'은 더 발전시키기 위해 정확한 수정이 필요한 지점이다. 이 부분만큼은 특별한 수사 없이 명확하게 콕 집어 이야기해야 한다. 이를테면 아이디어의 배경이 된 관점은 좋았는데 표현 방법이 아쉬운 것인지, 애초에 아이디어의 출발점 자체가 잘못된 것인지, 혹은 꼭 짚고 넘어가야 할 제품 특징이 누락된 것인지 등 아쉬운 점을 정확하게 이야기한다. 그래야 상대방도 어디를 수술해야 할지 확실하게 파악할 수 있다.

마지막은 보완 방법에 대한 자기 나름의 아이디어다. 아쉬운 부분에 대한 지적은 누구나 쉽게 할 수 있다. 하지만 모두가 아쉬운 점만 쏟아내는 데 그친다면 수정 작업을 해야 하는 사람 입장에서는 막막하기만 할 것이다. 상대방의 발표를 듣고 난 직후 짧은 시간 동안 한 고민이기에 깊이는 부족할지도 모르지만 아쉬운 점을 보완할 만한 나름의 방법론이나 작은 팁, 예시 등을 제안해준다면 상대방 입장에서는 한결 판단이 쉬워진다. 제시한 보완 방법론에 동의한다면 그 방법을 힌트 삼아 수정 작업을 시작하면 되고, 반대로 제시한 방법에 전혀 동의할 수 없다면 오히려 그 보완 아이디어를 딛고 더 나은 방법을 찾아보거나 아예 새로운 아이디어를 다시 고민해야겠다고 판단을 내릴 것이다.

상대방의 날 선 피드백에도 상처 따위 받지 않고 받아들일 부분과 그러지 않을 부분을 썩은 과일 다듬듯 딱 잘라 정리하는 단단한 사람들도 많음을 인정한다. 그리고 그런 사람들의 방식이 피드백을 받아들이는 가장 이상적인 방식일 수 있다고도 생각한다.

하지만 세상엔 그렇지 못한 종류의 사람도 존재한다. 연두부 멘탈의 대표 주자 격인 나는 날 선 피드백을 받는 시간이 늘 괴롭다. 그동안의 노력이 부정당하는 것 같은 당혹감, 그런 방향으로 아이디어가 정리될 수밖에 없었던 당사자만 아는 현실적 장벽, 작은 수정이라지만 그로 인해 흔들리는 아이디어의 뼈대를 보는 막막함 같은 것들이 사방에서 압박해오는 것처럼 느껴진다.

다행히 누군가에게 피드백을 받는 시간은 나를 우울의 늪으로 떠밀기도 하지만 뿌듯한 결과물을 만들어내는 결정적 장면이 되기도 한다는 사실을 기획 일을 한 지 10년이 넘어서야 조금씩 체감한다. 스스로와 타협하며 적당한 선에서 마무리될 뻔한 아이디어에 누군가 다시 기름을 부어주고, 전혀 생각해보지 않았던 가능성에 대한 피드백을 곰곰이 곱씹다가 더 좋은 아이디어를 떠올리는 경우가 왕왕 있다. 그렇게 피드백을 통해 더 발전한 결과물을 얻는 경험은 피드백을 받았던 순간의 아픔을 잊게 할 정도로 뿌듯함을 선사한다.

그래서 늘 피드백 시간이 되면 당연하지만 가끔 의심되는 사실을 떠올린다. 업무 분야도, 과제에 대한 관여도도 모두 다른 사람들이 모여서 우당탕탕 진행하는 피드백 시간이지만 모두가 함께 더 나은 방향으로 나아가려는 한 팀이라는 사실을. 나의 아이디어를 방어하는 가드 자세를 취하기보다 상대방의 선의를 이해하며 그의 피드백에 귀를 활짝 여는 데 집중하면 피드백 시간은 아이디어를 레벨업할 절호의 기회로 바뀐다. 피드백을 주는 사람도 받는 사람도, 우리는 모두 다른 롤을 가졌지만 같은 꿈을 꾸는 동료다.

- pmg 지식엔진연구소, 《시사상식사전》, 박문각.

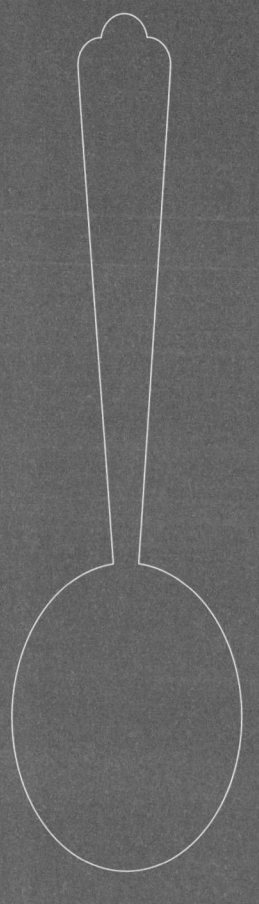

고무수저 아빠

자기 불구화

언젠가부터 온라인 커뮤니티를 중심으로 밈을 넘어 아주 현실적인 이론처럼 회자되는 이야기가 있는데, 이른바 '수저론'이다. 부모의 재력에 따라 태어날 때부터 쥐게 되는 수저가 다르고 그로부터 파생되는 삶의 모습이 완전히 달라진다는 이야기다. 흙수저부터 동수저, 은수저, 금수저, 다이아몬드 수저까지 백화점 멤버십처럼 등급도 다양하다. 최근엔 이 이야기도 꽤 자가발전해서 흙수저와 금수저를 나누는 구체적인 기준들까지 생겨난 모양이다.

　특별히 쌓아놓은 재산이랄 것도 없고, 가까운 미래에 대박이 날 사업 아이디어도 없는 평범하디평범한 아빠인 관계로 이러한 이야기에 더 과민 반응하는 걸까? 나중에 나의 아이가 커서 "나는 동수저 정도인가? 아니야, 흙수저인 것 같아"라는 이야기를 할 상상을 하니 정신이 아찔해진다. 할 수만 있다면 아이가 인터넷을 시작하기 전 이런 이야기들은 모조리 삭제해버리고 싶어진다.

　부모의 재력으로 경쟁의 출발선이 달라진다는 것은 칼날처럼 서슬 퍼렇고 거울처럼 또렷한 사실일지도 모른다.

본격적으로 사회에 진출하기 전 다양한 경험을 해볼 기회, 실패해도 다시 도전해볼 여력이라는 면에서 분명 차이가 생길 것이다. 그러니 '수저론 따위는 다 헛소리야!'라고 일갈해버리기도 조금 곤란하다.

다만 우려되는 것은 '자기 불구화(Self-handicapping)'다. 자기 불구화는 미국 심리학자 에드워드 존스(Edward Jones)와 스티븐 버글라스(Steven Berglas)가 발견한 심리 현상으로 아직 일어나지 않은 실패에 미리 대비해 실패가 자기 탓이 아닌 다른 요인으로 인한 것이라고 변명거리를 만들어내는 현상을 말한다.* 예를 들어 축구 경기를 앞둔 선수가 패했을 때의 상황에 대비해 '경기에서 진다면 감독이 훈련을 제대로 시키지 않아서야'라고 변명거리를 미리 준비하는 것이다.

자기 불구화가 심하면 중요한 시험을 앞두고 일부러 컨디션 관리를 포기해버리는 것처럼 심리적 구실을 찾는 정도를 넘어 실질적 행동까지 이어지기도 한다. 자기 불구화는 자존감을 지키는 방어벽이 되기도 하지만, 잘못하면 일의 성패가 결정되기도 전에 한계를 정해버리는 치명적 장벽으로 작용한다. '어차피 난 성공 못할 것 같아. 실패해도 내 탓은 아니니까 괜찮아'라는 마음을 가지고 제대로 해낼 수 있는 일은 없다.

광고 회사의 주요 업무 중 하나인 경쟁 *PT* 중에도 간혹 비슷한 현상이 일어날 때가 있다. 모든 경쟁 *PT*에서 승리한다면 더할 나위 없이 기쁘겠지만 항상 승리만 할 수는 없는 법이다. 그리고 패배의 아픔이 얼마나 쓰라린지를 모두가 잘 알기에 *PT* 막바지가 되면 자기 불구화에 빠지는 사람들이 종종 보인다.

"만약에 이번 *PT* 지면, 이건 전략이 너무 무난해서 그런 거야"라고 미리 경고하는 사람들, "이 방향이 맞긴 한데 그래도 안전하게 다른 방향으로도 한번 추가로 풀어보자"라고 걱정하는 사람들, "나중에 봐봐. 이걸로는 절대 안 돼. 내가 분명히 얘기했다"라고 부정적 예언을 시전하는 사람들까지. 물론 진심으로 그렇게 생각해 이야기했을 수도 있지만 이런 말들 이면에는 패배의 원인으로 본인이 지목되는 상황을 미리 방어하려는 의도가 내재된 듯 보인다. 해낼 수 있다고 모두에게 기합을 넣어줘도 부족할 판에 패배했을 때의 상황을 미리 가정하고 악담을 퍼붓는 이들이 야속하게 느껴진다.

이렇게 사회에서 자기 불구화 전략을 펼치는 사람을 만나면 나는 그냥 무시해버린다. 그들을 지적할 만한 위치도 아니고 그런 마음가짐 전략이 그들 스스로의 내면을 지키는 방법일 수도 있기 때문에 함부로 왈가왈부하기도 조심스럽다. 하지만 적어도 집에 있는 우리 아이만큼은 금수저를 들고 태어나지 못했다는 생각으로 스스로의 한계를 미리 그어버리지 않길 바란다. 그저 할 수 있는 만큼 최선을 다하고 결과를 겸허히 받아들인 후 툭툭 털고 일어나 다시 도전하는 그런 아이가 됐으면 하는 바람이다.

최근 스스로 밥을 먹기 시작한 아이의 손에는 늘 말랑말랑한 고무수저가 쥐어져 있다. 안전 설계가 된 고무수저라 아이가 막 사용해도 다칠 걱정이 없다. 바닥에 떨어뜨려도 깨끗이 씻어서 다시 손에 쥐여주면 그만이다. 아직은 제대로 입에 넣는 양보다 흘리는 양이 더 많기에 아이의 식사 시간이 되면 그 주변은 온통 난장판이 된다. 제대로 손이 움직여지지 않아 버둥거리는 아이를 보고 있으면 당장이라도 대신 입에 떠먹여주고 싶다는 생각이 간절해진다. 하지만 아이 스스로 먹는 법을 깨우칠 수 있도록 그저 가만히 지켜만 본다. 아이가 혼자 힘으로 식사를 끝마칠 때까지 충분히 기다려주고, 밥을 다 먹고 난 후엔 흘린 것들을 치워주기만 한다. 아이의 침과 음식물로 뒤범벅이 된 고무수저는 깨끗이 씻어 소독기에 넣어둔다.

평범한 일요일 오후의 식사 시간, 아이의 모습을 보다가 문득 생각했다. 앞으로 아이 인생에서 평범한 아빠인 내가 쥐여줄 수 있는 수저는 이 정도가 아닐까? 값어치는 없지만 아이 스스로 성장하는 데 도움을 주는 수저, 금수저는 못 쥐여주지만 고무수저를 쥐여줄 수 있는 아빠가 돼야겠다고 다짐했다.

● EBS, '내가 시험 전날에도 공부를 하지 않는 이유는?', 〈세상의 모든 법칙〉, 2020년 5월 20일.

욕망하는 신입 사원과 고릴라

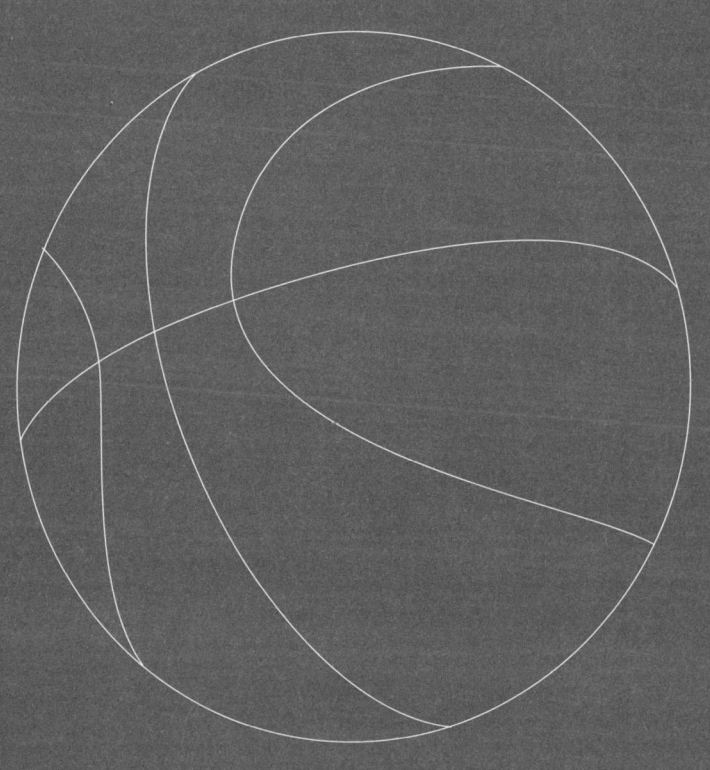

보이지 않는 고릴라

서점을 좋아한다. 아마 가장 좋아하는 장소라고 할 수 있을 것 같다. 엄청난 다독가여서 그런 것은 아니다. 꼭 책을 사기 위한 목적으로 서점을 좋아한다기보다는 서점이라는 공간만이 주는 독자적이며 오묘한 분위기를 좋아한다.

 서점 안에서는 모두가 평등하게 고요하다. 세상의 많은 공간이 시끌벅적한 외향성 무리들에게 점령당한 지 오래이지만 서점이라는 세계는 아직까지 내향성 인간들을 위한 공간으로 공고하게 남아 있다. 조용히 시선을 내리고 책을 고르고 있는 사람들을 보면 다짜고짜 호감이 생긴다. '분명 좋은 사람일 거야' 같은 내적 동질감도 형성된다. (물론 그렇다고 말을 걸지는 않습니다.)

 모두가 조심성 많은 초식동물처럼 행동하는 서점 안에서 요리조리 책 구경, 사람 구경을 하다 보면 어느새 시간이 훌쩍 흘러가 있다. 번쩍번쩍한 쇼핑몰을 구경하거나 카페에 가만히 앉아 스마트폰을 들여다보는 것보다 훨씬 풍윤한 시간이다. 이러한 이유로 30분 일찍 약속 장소에 도착했을 때, 번화가에 일단 나왔지만 딱히 할 일이 없을 때, 마음의 평화를 되찾고 싶은 토요일 오후 같은 때에 나는 가장 가까운 서점으로 간다.

이렇게 오랫동안 서점을 드나들다 보니 가장 눈에 띄게 배치된 책들을 보며 그 시기 사람들의 생각이나 시대적 결핍 같은 것들을 읽어보기도 한다. 직업병적 유희라고 할 수도 있겠다. 한 시기의 사회적 분위기에 따라 책들은 다른 목소리로 말을 걸어온다.

내가 광고라는 업에 처음 관심을 가지고 본격적으로 일을 시작했던 시기의 서점에는 'OOO에 미쳐라'나 '한 달 만에 OOO 따라잡기' 같은 자기 계발서의 격양된 목소리가 주를 이뤘던 기억이 있다. 실제로 교보문고가 1980년대 이후 베스트셀러 분석을 통해 시대상이 한국인의 독서에 어떤 영향을 끼쳤는지 분석해 발표했는데 2000년대 상반기에는 《누가 내 치즈를 옮겼을까?》, 《아침형 인간》처럼 부자 되기와 실용서, 자기 계발서에 대한 관심이 커졌으며 2000년대 하반기에는 《시크릿: 수 세기 동안 1%만이 알았던 부와 성공의 비밀》 같은 '성공'이 키워드인 책들이 많은 사랑을 받았다고 분석한 바 있다.●

요즘 서점에서 눈에 띄는 책들은 (분야별로 차이가 있겠지만) 대체로 상냥하다. '괜찮아. 다 잘될 거야', '그렇게 애쓰지 않아도 돼', '그냥 하고 싶은 대로 흘러가도 돼' 하고 말을 건네는 것만 같다. 과거의 매대와는 인상이 퍽 달라졌다.

책은 시대의 결핍을 반영한다. 사람들에게 사랑받는 책은 그 시대 사람들이 가장 먼저 채우길 원하는 가치를 담아낸다. 'OOO에 미쳐라' 같은 자기 계발서가 인기였던 시기는 치열한 경쟁을 통한 성취가 가장 중요한 가치였던 시절이었다면, 이제는 많은 사람이 치열한 경쟁보다는 자기다운 속도의 삶을 원하고 있다는 뜻이 아닐까 유추해본다.

돌아보면 그동안 내가 추구해왔던 가치도 비슷한 흐름으로 변해왔다. 신입 사원 시절의 나는 회사에서 좋은 성과를 내고 인정받는 일에만 미쳐 있었다. 프로젝트가 시작되면 그 프로젝트의 히어로가 되겠다는 일념으로 늘 불 꺼진 사무실에 혼자 남아 아이디어를 끄집어내는 데 골몰했다. 다음 날 있을 회의에서 가장 좋은 아이디어를 내는 사람은 나여야만 한다는 강박적 욕심으로 과제를 분석하고 아이디어를 내고 다른 방향의 아이디어를 견제할 근거까지 정리한 후에야 퇴근했다.

깜깜한 밤, 퇴근을 하고 나면 친구들을 만나거나 새로운 경험을 해볼 생각은 전혀 하지 못하고 좀비처럼 터벅터벅 좁은 자취방으로 향했다. 집에 도착하면 바람 빠진 풍선 인형처럼 침대 위로 쓰러졌고, 주말에는 배터리를 충전하듯 침대 위에 고정된 채 꼼짝하지 않았다. 그렇게 회사에서는 '연차에 비해 일 좀 하는 친구' 정도의 외부 인정을 얻어냈지만 이제 와 돌이켜보면 그게 그렇게 중요한 일이었을까 싶다. 그 시절 나를 인정해주었던 직장 상사는 이제 아주 가끔 안부를 주고받는 사이 정도가 되어버렸고, 그때 익혔던 업무 스킬들을 내 20대의 유산으로 삼기엔 자못 초라해 보인다.

심리학 용어 중 '보이지 않는 고릴라(Invisible gorilla)'라고 불리는 현상이 있다. 어떤 일에 지나치게 집중하면 주변에 존재하는 다른 것이 보이지 않는 심리 현상이다. 보이지 않는 고릴라라는 이름은 1999년 미국 심리학자 다니엘 사이먼스(Daniel Simons)와 크리스토퍼 차브리스(Christopher Chabris)의 재미있는 실험에서 유래했다.

실험 내용은 이렇다. 일단 사람들을 두 팀으로 나눠 한 팀은 흰색 옷, 다른 팀은 검은색 옷을 입게 했다. 그리고 이들이 농구공을 서로에게 패스하는 모습을 영상으로 촬영한 후 실험 참가자들에게 영상을 보여주면서 흰색 옷을 입은 팀이 패스한 횟수를 세라고 했다. 영상에서는 흰색 옷을 입은 사람들과 검은색 옷을 입은 사람들이 뒤섞여 패스를 주고받기 때문에 실험 참가자들은 매우 집중해서 패스 횟수를 세게 된다. 하지만 영상이 끝난 후엔 패스 횟수를 묻는 대신에 이런 질문을 한다.

"혹시 고릴라 보신 분?"

사실 영상 안에는 패스하는 사람들 사이로 검은색 고릴라 의상을 입은 사람이 유유히 지나가는 모습이 담겨 있었다. 하지만 패스 횟수를 세는 것에 집중하느라 절반 이상의 실험 참가자들은 고릴라를 보지 못했다.**

과거 의욕 충만한 신입 사원 시절, 내가 세상을 바라보는 시야도 고릴라를 보지 못했던 사람들과 비슷했던 게 아닌가 생각해본다. 조금만 고개를 돌려도 풍부한 인생의 경험이 널려 있었고, 딱 그 시기에만 누릴 수 있는 제철의 즐거움이 있었을 텐데 업무 능력 인정이라는 하나의 목표에만 집중하느라 많은 것을 놓쳐버린 채 단순한 패턴으로 살았던 그 시절의 나.

가치 있다고 생각하는 일에 열정을 다해 몰입하는 것은 분명 멋진 일이다. 그리고 그런 몰입의 시간은 그 분야에서 필요한 능력을 단단하게 제련하는 데 도움이 될 것이다. 하지만 지나치게 하나의 목표에만 몰두하는 것 또한 경계할 일이다. 하나의 목표만 바라보기에는 세상에 즐거운 경험과

미처 몰랐던 기쁨들이 가득하니까. 조금만 시야를 확장하면 가슴을 두근거리게 만들어주는 일들이 보이지 않았던 고릴라처럼 우리 주변을 어슬렁거리고 있을 테니까.

- 김향미, '〈인간시장〉에서 〈82년생 김지영〉까지… 베스트셀러로 들여다보는 1980년대 이후 시대상', 〈경향신문〉, 2017년 12월 10일.
- 이동귀, 《너 이런 심리법칙 알아?》, 21세기북스, 2016.

질투는 나의 힘

붉은 여왕 가설

부끄러운 과거사를 고백하자면, 신입 사원 시절 나는 스스로를 천재라고 평가했다. 회의 시간에 쭈뼛쭈뼛 용기 내어 내뱉은 아이디어가 의외의 호평을 받으면 '역시 난 천재인 건가' 하며 흠칫 놀랐고, 전략 제안서에 내가 냈던 아이디어가 한 줄이라도 반영되는 날엔 '훗, 계획대로야' 하며 스스로의 재능에 감탄해 마지않았다.

　하지만 이제는 안다. 그 시절 나의 자신감 과잉은 선배들의 배려 덕분이었으며, 이 업계에 그 정도 발상을 할 수 있는 선수들은 별처럼 많다는 것을. 오히려 시간이 지나면서 눈에 들어오는 것은 비슷한 연차의 비범한 동료들이었다.

　3년 차 사원 때 만난 K는 주변 상황을 빠르게 읽고 시의적절하게 실행할 줄 아는 사람이었다. 내가 주어진 업무만으로도 벅차 똑같은 하루하루를 보낼 때, K는 새롭게 떠오르는 분야에 먼저 주목해 한 박자 빠르게 이직을 감행했고 지금도 그 업계에서 활발하게 일하고 있다.

　5년 차쯤 함께 일했던 H는 능력과 성품이 공존할 수 있음을 알려줬다. 흔히 실력이 좋으면 성격이 까칠하고 성격이 좋으면 업무 능력은 별로일 것이라고 이분법적으로 생각하기 쉽다. 하지만 그녀는 함께 일하는 사람들을 기분 좋게 하면서도 일 처리는 똑 부러지게 하는 모습을 항상 보여줬다.

최근에 알게 된 P는 명료한 설득을 할 줄 아는 사람이다. 내가 구구절절 긴 이야기로 새로운 아이디어를 겨우겨우 관철시킬 때 그는 쉬운 한마디로 모두를 설득해낸다.

이런 사람들을 마주하면 '우와, 대단하다, 정말 멋지다' 하고 감탄하기도 하지만, 솔직히 말해서 '나도 나름대로 열심히 노력하고 있는데 왜 저 사람같이 하지 못할까?' 하며 낙담하는 경우가 더 많다. 그들의 강점에 비해 움직임이 둔하고, 주변 사람들을 챙길 여유가 부족하고, 늘 두서없고 정리가 잘 안 되는 나의 모습이 극적으로 대비되며 스스로가 초라하게만 느껴진다.

사회 초년생 시절의 내가 자신감 과잉 상태에 빠져 있었다면 연차가 올라갈수록 비범한 동료들과 나의 능력을 비교하는 시간들이 나를 괴롭혔다. 그들만큼 뛰어나지 못한 나의 능력에 대해 낙담이나 질투라는 미성숙한 감정을 품었다는 사실에 대한 실망감, 아무리 노력해도 차이가 좁혀지지 않는다고 느껴질 때의 막막함 같은 감정들로 마음속은 늘 엉망진창인 상태였다. 쉼 없이 달려도 깜깜한 숲속에서 벗어나지 못하는 이상한 나라의 앨리스가 된 것 같은 기분이었다.

우리가 잘 아는 《이상한 나라의 앨리스》의 속편인 《거울 나라의 앨리스》에서는 붉은 여왕과 앨리스가 함께 나무 아래에서 쉼 없이 달리는 장면이 나온다. 쉼 없이 달리던 앨리스가 묻고 붉은 여왕이 답한다.

"계속 뛰는데, 왜 나무를 벗어나지 못하나요? 내가 살던 나라에서는 이렇게 달리면 벌써 멀리 갔을 텐데."

"여기서는 힘껏 달려야 제자리야. 나무를 벗어나려면 지금보다 두 배는 더 빨리 달려야 해."

앨리스와 붉은 여왕의 대화에서 유래해 아무리 노력해도 경쟁자 역시 빠르게 발전하기 때문에 결과적으로 제자리에 머물게 되는 현상을 '붉은 여왕 가설(*The red queen hypothesis*)'이라고 한다.● 경제학이나 경영학에서는 성과를 아주 잘 내는 기업이더라도 경쟁 기업들 역시 빠르게 발전하고 있기에 쉼 없이 기업 역량을 강화하지 않으면 결국 도태될 수 있음을 경고할 때 주로 쓰인다.

우리는 익히 알고 있다. 질투나 비교 같은 행위는 지극히 해롭다는 것을. 그렇기에 가능하다면 누구와도 자신을 비교하지 않는 것이 가장 현명하다. 하지만 사람의 마음은 수도 꼭지처럼 쉽게 '뚝' 하고 잠가지지 않는다. 비교하지 않으려고 노력해도 자꾸만 상대방의 뛰어난 퍼포먼스가 눈에 들어온다.

괴로움의 시간 끝에 얻은 한 가지 대응법은 누군가와 자신을 비교하고 질투하게 되는 순간들을 유심히 들여다보는 것이다. 그리고 발견하는 것이다. 지금 시기의 나에게 가장 부족한 점이 무엇이고 더 발전시키고 싶다고 열망하는 능력이 무엇인지 질투를 통해 발견하기. 생각해보면 내가 이미 충분히 가지고 있거나 지금 시기에 딱히 필요하지 않은 능력이라면 타인이 뛰어난 퍼포먼스를 보이더라도 눈에 들어올 리가 없다. 타인의 멋진 퍼포먼스가 자꾸만 눈에 들어오고 욕심이 나는 이유는 그것이 분명 지금의 나에게 부족하고도 필요한 능력이라서 그렇다.

그렇다면 내가 열망하는 바를 발견한 이후에는? 쉼 없이 달린다. 명료한 설득력을 가진 누군가가 부럽다면 군더더기를 줄이고 핵심만 전달하는 프레젠테이션을 기회가 될 때마다 연출해본다. 방대한 데이터 속에서 기가 막힌 인사이트를 뽑아내는 누군가가 부럽다면 데이터 읽는 법을 배우고 인사이트로 정리하는 그의 스킬의 따라 해본다. 폭넓은 네트워크를 가진 누군가가 부럽다면 성격에 맞지 않아도 주변에 먼저 말을 걸고 연락이 끊어진 지인에게 먼저 안부를 물어본다.

물론 상대방 역시 나만큼 노력하고 있을 것이기에 붉은 여왕 가설이 지적하듯 그와 나 사이의 실력 격차가 줄어들지 않을 수도 있다. 하지만 그런 상대방과 상관없이 내가 더 나아지고 있음은 의심할 여지가 없다. 누군가가 지닌 능력이 부러워 그것을 얻기 위해 의도적으로 노력하다 보면 얼추 비슷하게라도 닮아간다. 쉼 없이 달리다 보면 다리 근육은 더 단단하게 단련될 것이고, 그렇게 단단해지다 보면 붉은 여왕이 이야기했던 두 배 더 빠른 달리기도 아주 허황된 이야기는 아닐 것이다.

- 이한영, 《너 이런 경제법칙 알아?》, 21세기북스, 2016.

별일 없는 시기를
보내는 방법

골디락스

2020년 겨울부터 무슨 바람이 불었는지 '브런치스토리'라는 플랫폼에 글을 쓰기 시작했다. 성실하게 노동하고 월급을 받는 회사원 자아가 아무래도 1순위이므로 평일엔 거의 쓰지 못하지만, 적어도 주말에는 뭐라도 한 편씩 쓴다는 나름의 가이드라인을 준수하고 있다. 작가라고 하기엔 굉장히 나태한 스케줄이다. 하지만 세상 대부분의 일들이 그러하듯 이 정도 수준의 글쓰기도 늘 쉽게 풀리기만 하지는 않다. 때때로 곤란한 순간이 찾아오기 마련인 것이다.

    예컨대 글을 써서 올려놓고 나서 한참 후에 치명적 오류를 발견한다거나, 내가 써놓고도 하품이 나올 정도로 재미가 없다거나, 팔자에도 없는 악플이 달린다거나 하는 상황들을 목도한다. 이런저런 상황들 중에서도 '이것 참, 어쩌지?' 하고 꽤나 곤란해하는 경우가 하나 더 있는데, 그것은 바로 쓸 이야깃거리가 떨어진 상황이다. 글을 쓰기 위해서는 소소하더라도 재미있는 사건이나 머릿속에 떠오르는 주제 같은 게 있어야 할 텐데, 그런 것들이 전혀 떠오르지 않는 순간이 찾아온다. 누구도 재촉하지 않지만 그런 공백 상태가 이어져 몇 주간 새로운 글을 업데이트하지 못하면 괜스레 불안해지며 '어이쿠, 큰일이다. 빨리 무언가 써내야 할 텐데…' 하는 압박감이 느껴지기 시작한다.

사실 대단한 이야기를 쓰는 것도 아니고, 대개 사람들이 전혀 궁금해하지 않을 평범한 기획자의 시시콜콜한 이야기를 쓸 뿐인데도 이야깃거리가 떨어진다는 게 쓰는 나조차도 잘 이해되지 않는다. 그러나 '오늘 점심에는 쌀국수를 먹었고 아기를 유아차에 태워 산책을 하다가 집으로 돌아왔다' 따위의 이야기를 쓰는 것은 아무리 초보 작가라고 할지라도 부끄러운 일이다. 무미건조한 일상 속에서도 '그래! 오늘은 이런 사건이 있었지' 할 만한 작은 굴곡이라도 생겨야 그것을 기반으로 어떻게든 이야기를 엮어낼 수 있다.

그러나 최근의 나의 일상을 돌아보면 특별한 일이라고는 눈을 씻고 찾아봐도 발견할 수가 없다. 특별한 이벤트도 없고 딱히 큰 고민거리도 없는 요즘이다. 대체로 평화롭고 기꺼이 무료한 일상이 반복될 뿐이다. 한마디로 별일 없이 산다. 어쩌면 요즘이 내 인생의 골디락스(Goldilocks)일지도 모르겠다고 생각했다.

골디락스는 뜨겁지도 그렇다고 차갑지도 않은 딱 좋은 이상적인 경제 상황을 설명하는 경제학 용어다.• 골디락스라는 이름은 영국의 전래동화 〈골디락스와 세 마리 곰〉에서 유래했다고 알려졌다. 동화에는 이런 장면이 등장한다. 어느 날 한집에 사는 세 마리 곰이 각자 접시에 수프를 담은 후 잠시 집을 비웠다. 그 사이 골디락스라는 이름의 소녀가 집을 찾아왔다. 소녀는 배가 고팠던 나머지 접시에 담겨 있던 수프를 맛보았는데, 첫 번째 수프는 너무 뜨겁고, 두 번째 수프는 차가웠고, 세 번째 수프가 먹기 딱 좋은 온도였기에 소녀는 세 번째 수프를 먹었다고 한다. 경제학에서는 적당히 식은 골디락스의 수프처럼 물가 상승을 우려할 만큼 과열되지도, 경기 침체가 우려될 만큼 냉각되지도 않은 딱 이상적인 상태를 이야기할 때 주로 쓰인다.

요즘 나의 일상도 마찬가지다. 뜨겁지도 차갑지도 않은 골디락스의 수프처럼 특별히 흥분되는 이벤트도 없고 머리 아프게 심각한 문제도 없다. 아내와 아기와 함께 평범하게 반복되는 매일을 보내고 있다. 그리고 그런 일상이 재미없다기보다 무척 평화롭게 느껴진다. 글로 쓸 이야깃거리가 없다는 점만 제외하면 아주 좋은 리듬감이다.

연결되는 이야기이지만 "터프하기로 유명한 광고 회사 생활에도 골디락스라고 할 만한 시기가 있나요?"라고 누군가 묻는다면 "분명 있기는 있습니다"라고 대답할 수 있다.

광고 회사 생활은 대체로 늘 프로젝트들이 꼬리를 물고 이어지고 어느 하나 쉽게 넘어가는 경우가 희귀한 날들의 연속이다. 하지만 큰 프로젝트가 하나 마무리되고 다른 프로젝트를 배정받기 전이면 골디락스와 비슷한 시기를 간혹 맞이한다. 업무가 아예 없는 것은 아니기에 조급하지도 않고, 그렇다고 버거울 정도의 과제를 눈앞에 둔 것은 아니기에 크게 골치 아플 일도 없는 그런 시기다.

의욕이 과하게 넘치던 시절엔 이런 골디락스 시기를 마주하면 '뭔가 더 일을 받고 빨리 성과를 내야 하는 것 아닌가' 하고 초조해하기도 했다. 굳이 팀장님을 찾아가 "저 일 좀 주세요!" 하는 무모한 (그러나 관리자는 기뻐할) 짓을 저지르기도 했다. 별일 없는 시기가 존재해서는 안 될 흑역사라도 되는 양 업무의 공백기를 일로 촘촘하게 메워버렸다. 그러나 광고 회사 생활에서 이런 시기는 흔치도 않을뿐더러 또 금방 지나가버린다는 중요한 사실을 체득한 후에는 나름의 방식으로 이 시기를 활용하고 있다. 이를테면 감각의 재조정기로 활용하는 식이다.

일에 매몰되다 보면 생활인으로서의 감각이 무뎌지게 된다. 상품을 소비하거나 서비스를 경험하는 일반적인 소비자가 아니라 '이 상품은 어떤 기획 의도로 만든 거지?'라거나 '이 정도 공간을 만들려면 예산이 얼마였을까?' 같은 지극히 기획자스러운 생각만으로 살아가게 되는 것이다. 이런 기획자 모드가 너무 오래 지속되면 아이러니하게도 진짜 소비자 입장에서 좋아할 만한 기획을 하기 어려워진다. 나는 이제 별일 없는 시기를 편향된 감각을 재조정하는 용도로 쓴다.

'요즘 사람들의 휴일 데이트 코스로 인기 있는 동네가 어디인지', '요새 가장 인기 있는 콘텐츠는 무엇인지', '일에 찌들어 있던 사이 놓치고 넘어간 가십거리는 없는지' 여기저기 휘휘 둘러보다 보면 업무에만 집중됐던 감각이 조금씩 풀리며 '기획자 모드'는 '오프(Off)'가 되고 평범한 '일상인 모드'의 감각이 '온(On)' 상태가 된다. 어쩌면 동시대 사람들을 사로잡는 것이 무엇인지 늘 예민하게 잡아내야 하는 기획자에게 중요한 루틴인지도 모르겠다. 이런 이유로 과거의 나처럼 광고 회사에서 맞이한 골디락스 시기를 어떻게 보내야 할지 몰라 안절부절못하는 후배가 있다면 이리 권해주고 싶다.

"그냥 즐기세요."

경제 상황으로서 골디락스도 쉽게 만날 수 있는 시기는 아니다. 만일 골디락스 경제가 도래하더라도 길게 유지되기란 어렵다. 이런 이상적 경제 상황이 오래 이어질 수 있다면 골디락스 같은 특별한 이름이 붙지도 않았을 테니 말이다. 내 일상의 골디락스 기간도 마찬가지라는 예감이 든다. 인생은 예측 불허이므로 언제든 일상의 평화로운 리듬을 깨뜨릴 사건이 생겨날 것이다. '조만간 익숙했던 패턴은 사라지고 무료한 기분은 저 멀리 사라지겠지' 하고 격하게 출렁거릴 리듬을 마음속으로 대비하고 있다. 그리고 그런 일이 일어나기 전까지는 지금의 이 알맞은 일상을 느긋하게 즐겨야겠다.

- 이한영, 《너 이런 경제법칙 알아?》, 21세기북스, 2016.

가만히 지켜보면 보이는 것

디드로 효과

고향집을 방문해 현관문을 열면 늘 풀 내음과 흙 내음이 먼저 맞이해준다. 고향집엔 마당뿐 아니라 집 안까지 온통 식물들로 가득하다. 어머니는 오리지널 식물 집사이시다.

 처음엔 거실 창문 쪽에 조금씩 자리 잡기 시작한 어머니의 식물들은 점점 그 세력을 확장해갔다. 거실 창문 구역 전체를 장악하는 데 그치지 않고 현관문, 앞마당을 점령하더니 언제부턴가 뒷마당에 작은 온실이 세워졌고, 그 안엔 다양한 생김새의 다육이들이 차곡차곡 채워져갔다. 어머니는 질리지도 않는지 어디선가 처음 보는 식물들을 꾸준히 구해와서는 물을 주고 잎을 닦아주고 통풍을 시키며 애지중지 키우셨다. 어느 날 문득 꼭 닫혀 있던 봉우리가 열리며 꽃이 피어나면 의기양양하게 사진을 보내 자랑하고 카카오톡 프로필로 삼기도 하셨다.

 어린 시절부터 나는 어머니의 그런 모습을 쭉 지켜보며 자라왔지만 사실 도무지 이해되지 않았다. 열심히 챙겨줘도 꼬리 한 번 흔들지 않는 저 식물들에게 어머니가 왜 저렇게 애정을 쏟으시는 건지, 내가 보기엔 모두 똑같이 생긴 초록색 이파리들인데 뭐가 그렇게 다르다는 건지 좀처럼 이해를 하지 못했다.

어머니의 아담한 키와 조용한 성격, 소소한 웃음 코드를 이어받은 나에게도 어쩌면 식물 집사의 *DNA*가 있지는 않을까 생각할 때면 '에이, 내가 설마' 하고 웃어넘겨버렸다. 하지만 그 '설마'는 현실이 됐다. 중년의 나이에 진입하자 그간 숨겨져 있던 식물 집사의 *DNA*가 본격적으로 발현되기 시작한 것이다.

언제부터였을까. 집 근처 산책로의 가드닝 숍을 지날 때면 점점 고개가 돌아가기 시작했다. 인스타그램 팔로잉 목록은 인기 플랜테리어 계정들로 채워지기 시작했고, 나의 검색 패턴을 파악한 타깃팅 배너 광고들은 가드닝 관련 제품 광고를 노골적으로 띄우기 시작했다.

'아니야, 아니야. 내가 무슨 식물이람. 잘 키우지도 못할 거면서…'

머리로는 애써 외면했지만 두 눈과 손은 점점 구체적인 정보를 탐색하며 예쁜 식물 위시 리스트를 완성시켜갔다. 처음엔 키우기 어렵지 않다는 홍콩야자, 피시본 등을 시작으로 행잉 식물인 수염 틸란드시아, 디시디아 멜론을 들여놓았다. 그다음 주말엔 옆 동네 가드닝 숍까지 원정을 떠나

백화등과 골풀을 데려왔고, 점점 손이 커지더니 이제는 꽤 큰 덩치의 몬스테라까지 들여놓게 됐다. 식물들이 어느 정도 채워지자 이제 식물들과 어울리는 용품들에 욕심이 생기기 시작했다. 줄기들을 지지해줄 코코봉, 분갈이를 위한 모종삽과 토분 화분, 급수를 위한 물뿌리개와 분무기까지 가드닝 용품들이 '찜 목록'을 빼곡히 채우기 시작했다. 디드로 효과(Diderot effect)가 나타나기 시작한 것이다.

디드로 효과는 하나의 물건을 사고 나면 그에 어울릴 만한 물건을 계속 구매하며 또 다른 소비로 이어지는 현상을 일컫는 용어다.* 가령 마음에 드는 재킷을 사게 되면 그다음에는 그 재킷과 어울리는 바지, 셔츠를 구매하게 되고 더 나아가 전체 코디에 어울리는 액세서리까지 구매하게 되는 경우처럼 말이다. 애플은 디드로 효과를 마케팅적으로 잘 활용하기로 유명한 기업이다. 애플 기기를 하나 사게 되면 그와 연관된 애플 제품들을 연속해 구매하게 된다. 아이폰 구입을 시작으로 에어팟, 애플워치, 아이패드, 그리고 관련 액세서리들로 '애플 생태계'가 자연스럽게 확장된다.

마찬가지로 식물 집사의 디드로 효과에 제대로 빠져버린 나는 식물과 관련된 다양한 물건들을 거침없이 장바구니에 담기 시작했다.

'가지치기를 해줘야 하니까 가드닝용 가위가 필요하겠어. 색깔은 역시 초록색이 좋겠지.'

'분무기도 지금 가지고 있는 것은 좀 안 어울리네. 초록색으로 통일해야겠다.'

'날씨가 추워지면 거실 안으로 들여놔야 하니까 원목 스툴 같은 게 필요하겠군.'

그렇게 매일 용돈을 탕진해갔지만 식물들과 함께한 나날들은 꽤 괜찮았다. 창문 틈으로 들어오는 바람에 살랑살랑 흔들거리는 초록 잎을 보고 있노라면 고요한 숲에 들어와 있는 것처럼 마음이 평화로워졌다. 가끔씩 어린잎이 단단한 이파리들 사이를 뚫고 얼굴을 내보이면 내가 틔워낸 생명처럼 대견한 마음이 들었다.

식물들을 직접 키우며 새롭게 배운 것 중 한 가지는 식물을 키우는 방식이다. 처음 식물을 키우기 시작했을 땐 자칫 식물들이 죽어버릴까 봐 잔뜩 겁을 먹었다. 그래서 가드닝 숍에서 알려준 가이드를 정확히 따라 물을 주고 빛을 조절해주었다.

'몬스테라는 흙을 나무젓가락으로 찔러보았을 때 반 이상 마른 상태면 듬뿍 관수해줄 것', '골풀은 잎을 늘 촉촉하게 유지해주고 겉흙이 마르기 전에 관수해줄 것', '수염 틸라

드시아는 일주일에 한 번은 반나절 정도 물에 푹 담가둘 것' 등 각 식물의 특성에 맞춘 공식을 철저히 따랐다. 하지만 집에 들인 식물 수가 늘어날수록 각각의 특성을 일일이 외워 관리해주기란 나의 작은 뇌 용량으로는 한계가 있는 방식임을 깨달았다. 물을 주는 타이밍을 놓치거나 물을 준 사실을 잊어버리고 또 줘서 과습이 되는 경우도 종종 발생했다.

그렇게 몇몇 식물들을 천국으로 보낸 후에야 비로소 깨달음이 찾아왔다. 식물을 잘 키운다는 것은 결국 관심을 많이 쏟는다는 뜻이라는 걸. 각 식물의 특성에 맞는 가드닝 공식을 외우는 일도 물론 중요하지만 키우는 식물들을 자주 들여다보면 공식에 기대지 않아도 뭐가 필요한지 절로 알게 된다. 지금 물을 줄 타이밍인지 아닌지, 지난주보다 잘 자라고 있는지 아닌지가 눈에 들어온다. 관심을 쏟으면 쏟을수록 식물들은 무탈하게 잘 자라나고, 바쁘다는 핑계로 제대로 들여다보지 못하면 나의 무관심을 알아채기라도 한 듯 금세 시들해진다. 관심만 있다면 특별히 각 식물에 대한 공식 같은 것을 몰라도 식물들을 잘 키울 수 있는 것이다.

사실 식물이든 사람이든 모두 그렇다. 어서 제 몫을 하길 바라는 후배이든 혹은 나 자신이든 그 대상이 누구이든 간에 관심은 건강한 성장의 밑거름이다. 자신의 마음에 관심을 기울이면 지금 스스로에게 가장 필요한 것이 휴식인지 공부인지 변화인지 알 수 있다. 한편 타인의 모습을 관심 있게 지켜보면 그에게 구체적으로 어떤 도움이 필요한지 알게 된다.

회사에서 처음으로 우리 팀 후배를 맞이했던 날의 기억이 떠오른다. 당시에 드디어 막내 생활을 탈출하게 됐다는 해방감과 후배에게 선배로서 멋진 모습을 보여주어야 한다는 부담감으로 다소 상기된 하루하루를 보냈다. 특별히 후배가 요청하지 않아도 따로 회의실로 불러 광고라는 업이 돌아가는 큰 그림을 설명해주기도 하고, 신입 사원 입장에서 부담스러울 만한 회의 자리는 일부러 참석시키지 않기도 했다. 그때는 그런 내가 꽤 멋진 선배라고 생각했는데 이제 와서 돌이켜보면 많이 부끄럽다. 섣불리 무언가를 알려주고 후배의 행동 반경을 제한하기보다는 '일단 좀 지켜볼걸' 하는 후회가 생긴다. 그렇게 지켜보다 보면 그간 몰랐던 그 친구의 장점이나 그가 특별히 더 어려워하는 지점을 정확히 파악하고 도와주었을 텐데 하는 뒤늦은 아쉬움이 고개를 든다.

누군가 건강하게 성장하길 바란다면 성급히 가이드를 주기보다는 일단 관심 있게 지켜보기를 권한다. 성장 발육을 위한 공식 같은 것에 기대지 않고도 건강히 자라게 만들

가장 좋은 길이 보일 테니까. 식물에게 물을 주거나 햇빛 양을 조절해주는 것처럼 옆에서 과하지 않은 도움을 주고 또 가만히 지켜보다 보면 아주 느리지만 싹이 트고 자라나는 모습이 분명 눈에 들어올 것이다. 관심을 쏟고 성장을 지켜본 사람의 마음까지 더불어 한 뼘 자라는 것은 덤. 이것 꽤 멋진 광경이지 않겠습니까?

- 두산백과 두피디아(www.doopedia.co.kr).

더블 디데이를
체크해두자

고르디아스의 매듭

'생각이 똬리를 틀다'라는 말은 좀 기묘한 구석이 있다. 똬리는 짚을 꼬아서 만든 고리 모양의 물건으로 짐을 머리에 일 때 받치는 용도로 쓴다. 그 모습이 마치 뱀이 동그랗게 몸을 만 모습과 비슷하다고 해서 뱀이 몸을 돌돌 말고 있는 모양새를 가리켜 '뱀이 똬리를 틀었다'라고 말한다. '생각이 똬리를 틀다'라는 말은 어떤 생각이 뱀처럼 몸을 만 채 가만히 내면에 자리 잡고 있다는 뜻 같기도 하고, 잔뜩 웅크려 있지만 기회가 되면 말이나 행동으로 튀어 나갈 준비를 하고 있다는 뜻 같기도 한다. 고려대 한국어대사전은 '똬리를 틀다'를 '(생각 따위가) 내면에 도사리고 있다'라는 의미의 관용구라고 설명한다.

사전적 해석과는 무관하지만 개인적으로는 엉뚱하게도 '생각이 똬리를 틀다'라는 말을 들으면 몸이 이리저리 꼬여 스스로 풀어내지 못하는 곤란한 처지의 뱀이 떠오른다. 생각은 보통 머릿속 한구석에 차분히 자리하고 있기 마련이지만, 어떠한 종류의 생각은 좀처럼 정리되지 못하고 방황하다가 풀리지 않는 매듭처럼 엉켜버리기도 하기 때문이다.

실제로 배배 꼬인 몸을 풀지 못하는 심히 곤란한 상황의 뱀이 존재하는지는 모르겠지만.

직업 특성상 어떤 날은 하루 종일 생각에 사로잡혀 있다. 비유가 아니라 말 그대로 하루 종일이다. 간간이 의무적으로 키보드를 두드리거나 노트에 메모를 끄적거리기도 하지만 그것은 거의 무의식중에 일어나는 자동적인 행위이고 머릿속에서는 복잡한 생각의 미로를 헤매는 중이다. 그런 날의 나를 외부인의 시선으로 보면 좀 오해를 살 만도 하다. 고개는 45도 각도쯤으로 들고 두 눈은 천장의 어떤 지점을 올려다보고 있다. 입은 반쯤 벌리고 있는지도 모르겠다. 살짝 침을 흘릴 때도 있다. 어딘가 나사 한두 개 정도 빠진 인간처럼 보이지만 머릿속에선 열심히 노동을 하고 있는 중이다.

주어진 과제를 어떤 아이디어로 풀어내야 할지, 혹은 광고주에게 전하고자 하는 전략을 어떤 스토리로 풀어내야 할지 고민한다. 머릿속의 이런 방 저런 방을 노크하고 열어보며 힌트를 찾아다닌다. '과거 프로젝트의 방'에 들어가 예전의 성공 경험들을 뒤적거리기도 하고 '레퍼런스의 전당'에 들어가 적용할 만한 해외 사례를 찾아다닐 때도 있다. 대개 어느 정도 생각이 이어지다 보면 작은 단초라도 발견하게 되고 곧이어 '스스륵' 하며 아이디어가 정리되지만 그렇지 못한 경우도 많다. 그럴 땐 생각이 꼬이고 꼬여 고민을 시작하기 전보다 머릿속이 더 복잡해진다. 한번 꼬이기 시작한 생각은 점점 더 복잡한 매듭을 만들어간다. 절대 풀 수 없는 '고르디아스의 매듭(Gordian knot)'처럼 일반적인 방식으로는 도저히 풀어낼 엄두가 나지 않는 지경까지 이른다.

<u>고르디아스의 매듭은 복잡하게 꼬인 매듭처럼 풀기 힘들지만 발상을 전환하면 의외로 쉽게 풀 수 있는 문제를 비유하는 말이다.</u> 고르디아스는 그리스 신화에 등장하는 왕의 이름이다. 그는 자신의 전차를 아주 복잡한 매듭으로 묶어놓고 이 매듭을 푸는 사람이 훗날 아시아의 왕이 되리라고 예언했다. 그의 예언에 너도나도 전차에 달려들어 매듭을 풀려고 했지만 그 누구도 풀어내지 못했다고 한다. 그 유명한 알렉산더대왕조차 처음에는 매듭 풀기에 실패했다고 한다. 하지만 알렉산더대왕은 생각을 바꿔 난제를 해결해내고 만다. 매듭을 일일이 푼 것이 아니라 칼로 잘라버린 것. 굳이 매듭을 풀지 않고 단칼에 잘라버려도 꼬인 매듭을 없앤 셈이니 전차를 차지할 수 있다는 생각의 전환이었다. 훗날 알렉산더대왕은 고르디아스의 예언처럼 세상을 정복하는 왕이 됐다.*

스티븐 스필버그(Steven Spielberg)를 세계적 영화감독으

로 만들어준 영화 중 하나인 〈죠스〉. 이 영화의 성공에는 고르디아스의 매듭이 연상되는 흥미로운 비하인드 스토리가 숨겨져 있다. 애초에 스필버그 감독은 리얼한 모형 상어 기계를 이용해 죠스가 사람들을 습격하는 장면을 연출하려고 했다. 그런데 당시 기술력이 그렇게 좋지 못했는지 모형 상어 기계가 자꾸만 오작동을 일으켰다고 한다. 스필버그 감독은 고민했을 것이다. '촬영 지연을 감수하고 기계를 수리하거나 새로 만들어야 하나? 아니면 투명 와이어를 이용해 움직임을 연출해볼까?' 생각 끝에 스필버그 감독은 모형 상어 기계를 수리하거나 보완한다는 관점에서 벗어나 전혀 새로운 해결책을 떠올렸다. '상어 모습이 다 나오지 않는 상어 영화를 만들자.'

스필버그 감독은 리얼한 상어의 모습으로 공포감을 불러일으키는 대신 '빠밤 빠밤' 하는 음향 효과로 상어의 공격을 예고하고(누구나 아는 바로 그 음악!), 죠스 시선의 숏, 이어지는 사람들의 비명과 붉은 피로 죠스의 공격 장면을 연출했다. 기계 고장 문제를 있는 그대로 차근차근 풀어가는 대신 과감한 연출 방식 전환으로 스필버그 감독은 노골적으로 죠스의 모습을 노출했을 때보다 훨씬 더 강렬한 공포감을 창조해냈다.**

기획자는 보통 과제를 받으면 일단 차근차근 매듭을 풀듯 문제를 분석해나간다. 복잡하게 엉켜 있는 광고주의 비즈니스적 고민들을 매끈하게 풀어내는 일이 응당 기획자 본연의 역할이라고 할 수 있다. 하지만 풀어나갈수록 더 꼬이기만 한다는 불안감이 엄습한다면 일정 시점에선 전혀 다른 방법을 모색해야 한다. 때로는 전혀 다른 방향으로 발상을 전환함으로써 문제 해결의 단초를 얻기도 한다.

현장에서 일할 때 현실적으로 중요한 건 타이밍이다. 차근차근 문제를 풀어나가는 과정 속에만 머물다 보면 '조금만 더 고민하면 풀릴 것 같은데…' 하는 미련이 기존 생각과 과감히 단절할 결단의 시점을 미루게 만든다. 그렇게 차일피일 미루다 보면 마감이라는 시간의 덫에 걸려 새로운 활로를 모색할 가능성을 폐기당한다. 자연스레 "흠흠, 일단 여기까지는 풀어봤는데 말이죠" 하며 덜 풀린 매듭을 결과물로 내놓게 된다.

그러니 광고주 제안 일정이나 제출 마감일이라는 공식 디데이 외에도 개인적 디데이를 따로 체크해두길 권한다. '이 시점까지 풀어내지 못하면 이 방향은 아닌 거다!'라고 스스로에게 단언할 수 있는 디데이. '개인화된 1차 마감일'이라고 할 수도 있겠다. 이때까지 주어진 문제를 풀어내지 못했다면 영화 촬영 현장에서 슬레이트를 '탁' 치듯이 그때까지의 고민과는 싹 단절한다. 그리고 그때까지의 시도와는 전혀 다른 각도에서 문제를 바라보기 시작하자.

알렉산더대왕이나 스필버그 감독 정도로 비범한 인물이라면 마감 전날이라도 대대적인 발상 전환을 이루고 결과물까지 멀끔하게 정리해낼지도 모르겠다. 하지만 대부분의 사람들은 (적어도 나는) 그분들처럼 전광석화 같은 정리는 불가능할 테니 단절과 발상 전환을 시도하는 나만의 디데이를 정해두는 건 꽤 유용한 생존 비법일 것이다.

- 이한영, 《너 이런 경제법칙 알아?》, 21세기북스, 2016.
- •• 현의경, '스티븐 스필버그의 '죠스'', 〈아세안 익스프레스〉, 2024년 7월 29일.

이 책에 실린 다음의 원고는
밀리의서재 오리지널 〈심리학적 수요일과 경제학적 일요일〉에
발표한 글을 수정 보완하여 실었음을 밝힙니다.

- 43쪽 • 좋은 질문이 판도를 바꾼다_**침묵의 나선 이론**
- 50쪽 • S적으로 살아보기_**칵테일파티 효과**
- 78쪽 • 헬스장 생태계의 법칙_**호손 효과**
- 105쪽 • 무턱대고 덮어두면 패가망신 못 면한다_**스트라이샌드 효과**
- 213쪽 • 닮고 싶은 브랜드_**카멜레온 효과**
- 219쪽 • 엄마의 확고한 믹스 커피 취향_**뮌하우젠 증후군**
- 246쪽 • 회의실의 르네상스_**메디치 효과**
- 252쪽 • 기억의 각색은 매년 반복된다_**므두셀라 증후군**
- 271쪽 • 욕망하는 신입 사원과 고릴라_**보이지 않는 고릴라**
- 278쪽 • 질투는 나의 힘_**붉은 여왕 가설**

욕망하는 기획자와 보이지 않는 고릴라

ⓒ 이규철

초판 1쇄 발행 2025년 8월 30일
초판 2쇄 발행 2025년 9월 15일

지은이 이규철
펴낸이 오혜영
교정교열 한아름
디자인 온마이페이퍼
마케팅 한정원

펴낸곳 그래도봄
출판등록 제2021-000137호
주소 04051 서울시 마포구 신촌로2길 19, 316호
전화 070-8691-0072 **팩스** 02-6442-0875
이메일 book@gbom.kr
홈페이지 www.gbom.kr
블로그 blog.naver.com/graedobom
인스타그램 @graedobom.pub

ISBN 979-11-92410-54-8 03190

· 책값은 뒤표지에 있습니다.
· 파본은 구입하신 서점에서 바꿔드립니다.
· 그래도봄은 저작권을 보호합니다. 저작권은 창의성을 촉진하고 다양한 목소리를 응원하며 언론의 자유를 장려하고 활기찬 문화를 만듭니다. 이 책의 정식 출간본을 구입해주세요. 저작권법을 준수하여 이 책의 전부 또는 일부를 허락 없이 어떤 형태로든 복제, 스캔, 배포하지 않는 여러분에게 감사드립니다.